Como muestra
de gratitud por su compra,

visite www.editorialclie.info
y descargue gratis:

"Los 6 consejos de Jesús para vivir en plenitud hoy"

Código:

PLENITUD24

La protección

EL ABRIGO DEL ALTÍSIMO

Salmo 91

C. H. Spurgeon

Editor Eliseo Vila

COLECCIÓN SALMOS

El Tesoro de David

EDITORIAL CLIE
C/ Ferrocarril, 8
08232 VILADECAVALLS
(Barcelona) ESPAÑA
E-mail: clie@clie.es
http://www.clie.es

COLECCIÓN SALMOS

LA PROTECCIÓN
ISBN: 978-84-16845-70-5
Depósito legal: B 17852-2017
VIDA CRISTIANA
Crecimiento espiritual
Referencia: 225044

SALMO 91

Reina Valera Revisada (RVR)

Morando bajo la sombra del Omnipotente

[91:1] El que habita al abrigo del Altísimo
  Y mora bajo la sombra del Omnipotente,

[2] Dice a Jehová: Esperanza mía, y castillo mío;
  Mi Dios, en quien confío.

[3] Él te librará del lazo del cazador,
  De la peste destructora.

[4] Con sus plumas te cubrirá,
  Y debajo de sus alas estarás seguro;
  Escudo y adarga es su verdad.

[5] No temerás el terror nocturno,
  Ni saeta que vuele de día,

[6] Ni pestilencia que ande en oscuridad,
  Ni mortandad que en medio del día destruya.

[7] Caerán a tu lado mil,
  Y diez mil a tu diestra;
  Mas a ti no llegará.

[8] Ciertamente con tus ojos mirarás
  Y verás la retribución de los impíos.

[9] Porque has puesto a Jehová, que es mi esperanza,
  Al Altísimo, por tu habitación,

[10]No te sobrevendrá ningún mal,
  Y ninguna plaga tocará tu morada.

[11]Pues a sus ángeles dará orden acerca de ti,
  De que te guarden en todos tus caminos.

[12]En las manos te llevarán,
  Para que tu pie no tropiece en piedra.

[13]Sobre el león y el áspid pisarás;
  Hollarás al cachorro del león y al dragón.

[14]Por cuanto en mí ha puesto su amor, yo también lo libraré;
  Le pondré en alto, por cuanto ha conocido mi nombre.

[15]Me invocará, y yo le responderé;
  Con él estaré yo en la angustia;
  Lo libraré y le glorificaré.

[16]Lo saciaré de larga vida,
  Y le mostraré mi salvación.

1

⁂

Título: Este Salmo no tiene título, y no tenemos forma de averiguar el nombre de su autor ni la fecha en que fue compuesto con exactitud.[1] La tradición judía considera que cuando no se menciona el nombre del autor, corresponde asignar la autoría de ese Salmo al mismo autor que el del Salmo anterior. De ser así, estaríamos ante otro Salmo de Moisés, siervo de Dios. De hecho, el Salmo 91 contiene muchas expresiones similares a las utilizadas por Moisés en Deuteronomio, por lo que la evidencia interna derivada de las formas idiomáticas peculiares apunta hacia Moisés. Las vidas de Josué y Caleb, que siguieron al Señor con fidelidad plena, son ilustraciones muy adecuadas de lo que en este salmo se expresa, ya que en ambos casos, en recompensa por haber confiado en el Señor y permanecido de manera firme y continuada bajo el abrigo de sus alas, vivieron literalmente: *"en medio de los muertos, entre sus tumbas"*[2]. Por tanto, nada tendría de

---

[1] La Versión griega de los LXX o *Septuaginta* incluye un título y lo asigna a David: αἶνος ᾠδή ὁ Δαυίδ, que la *Vulgata* traduce como: *"Laus Cantici David"*, "Alabanza de cántico a David", pero no figura en el Texto Masorético y la mayoría de exégetas coinciden en que no es original y fue añadido posteriormente.

[2] Spurgeon utiliza esta expresión poética para decir que Josué y Caleb, bajo la protección de Dios sobrevivieron a toda clase de

extraño que este salmo hubiera sido escrito por Moisés, aunque no nos atrevamos a dogmatizar al respecto. Y si hubiera sido la pluma de David la que nos legó tan incomparable oda, nos negamos a suscribir la hipótesis de los que afirman que este salmo fue escrito conmemorando la peste que devastó Jerusalén con gran mortandad como castigo divino a la desobediencia de David con el censo del pueblo.[3] Consideramos que cantar en referencia a sí mismo: *"con tus ojos mirarás y verás la recompensa de los impíos."* (91:8), se contradice de lleno con lo que leemos en Crónicas: *"Yo pequé, yo hice la maldad; ¿qué hicieron estas ovejas?"*[4]; y la ausencia de toda alusión al holocausto celebrado en Sión[5] resulta inexplicable, ya que el arrepentimiento de David le hubiera llevado a cobijarse bajo la protección del sacrificio expiatorio, el lavamiento con sangre y purificación con hisopo.[6]

---

peligros, convirtiéndose en ejemplo viviente de lo que dice el Salmo 91: *"Caerán a tu lado mil, y diez mil a tu diestra; mas a ti no llegará"*. La frase original en inglés es *"amongst the dead, amid their graves"*, "entre los muertos, en medio de sus tumbas", cita extraída del himno que comienza: *"He who hath made his refuge God, / Shall find a most secure abode; / Shall walk all day beneath his shade, / And there, at nigh,t shall rest his head"*, una versificación del salmo 91 escrita por Isaac Watts [1674-1748] y publicada en su libro *"The Psalms of David Imitated in the Lenguage of the New Testament And Applied to the Christian State and Worship"*. La séptima estrofa (la que cita Spurgeon) dice: *"What though a thousand at thy side, / At thy right hand ten thousand dy'd, / Thy God his chosen people saves //Amongst the dead, amidst the graves"*. John Moreton [1764-1804], de Birmingham, puso música al himno, que se publicó como tal en el *"Union Tune Book"*, en 1842.

[3] 2ª Samuel 24; 1ª Crónicas 21:1-27.
[4] 2ª Samuel 24:17.
[5] 2ª Crónicas 24:21-15.
[6] Salmo 51:7.

No hay en todo el salterio un salmo más alentador; el tono elevado con que empieza se mantiene de principio al fin; la fe exhibe en sus estrofas las mejores galas, y todo él exhala nobleza. Cierto médico alemán solía referirse al Salmo 91 como "la mejor vacuna mental durante épocas de peste de cólera"; y ciertamente es medicina celestial, antídoto anímico ante las plagas y las pestes. Quien es capaz de vivir en el espíritu de este salmo, jamás conocerá lo que es sentir miedo; aunque todo Londres se convirtiera de nuevo en un inmenso hospital y los ataúdes se apilaran en los cementerios.[7]

C. H. SPURGEON

Estructura: En esta ocasión seguiremos las divisiones que nuestros traductores[8] han colocado en la cabecera

---

[7] Suponemos que Spurgeon hace referencia aquí a lo que se conoce como LA GRAN PLAGA que asoló Inglaterra entre 1665 y 1666, y que llevó a la tumba a una quinta parte de la población de Londres. Se cree que la causa fue lo que se conoce hoy como "peste bubónica", una infección extremadamente contagiosa causada por la bacteria *yersinia pestis,* transmitida a través de las pulgas de las ratas.

[8] Recordamos al lector que C. H. Spurgeon utilizaba la versión inglesa de la Biblia, King James Version (KJV), concretamente la edición impresa en 1837 por el impresor John W. Parker para la *British and Foreing Bible Society: "The Holy Bible: containing the Old and New Testaments translated out of the original tongues, and with the former translations diligently compared and revised, by His Majesty's special command: appointed to be read in churches";* que se conserva, con anotaciones personales manuscritas del propio Spurgeon, en el área de *"Special Collections -Rare Book Collection- Archives",* en el segundo piso de la *Boyce Centennial Library* en el *Southern Baptist Theological Seminary,* en Louisville, (Kentucky) Estados Unidos.

del salmo, puesto que son lo suficientemente concisas y sugerentes:

1. El manifiesto de los santos (91:1-2).
2. Su seguridad (91:3-8).
3. Su habitación (91:9-10).
4. Sus sirvientes (91:11-13).
5. Su amigo y los resultados de esa amistad (91:14-16).

Versión poética:

QUI HABITAT IM ADJUTORIO ALTISSIMI

El que habita en el seno del Excelso
está en seguridad, vive tranquilo,
y dirá a su Señor: Tú me proteges,
y nada temo, pues que tú eres mío.

Porque lo librará de los ardides,
de los ataques de sus enemigos,
y burlará sus ásperos furores,
se reirá de sus pérfidos designios.

Sin duda que este Dios, en que te fías,
te pondrá de sus alas al abrigo,
¿y quién podrá atacarte si te hallas
en tan augusto y respetable asilo?

Su inefable verdad es el escudo
contra que dardo alguno asesta tiro,
y con él no se temen de las noches
las espantosas sombras y vestiglos.

Las saetas disparadas por el día
se pierden en el aire, el artificio
se descubre, y en fin nunca temiera
ni los furores del demonio mismo.

Verás en los combates, que a tu lado
muertos por tierra están mil enemigos,
y diez mil a tu diestra, mas entre ellos
aproximarse a ti nadie ha podido.

Allí verás la celestial venganza,
el destrozo, la furia y el castigo
que el Señor, que a los justos favorece,
sin piedad distribuye a los inicuos.

Porque tú, grande Dios, Señor supremo
del mundo, y cuanto gira en tu recinto,
aunque tu asilo es alto y soberano,
lo das al que esperanza en ti ha tenido.

Y por eso podrás estar seguro
en los combates más enfurecidos,
porque no alcanzan tiros ni otras armas
contra su tabernáculo divino.

El Señor a sus ángeles ordena,
que vayan junto a ti, y estén contigo,
para que te acompañen vigilantes,
y te guarden de todos tus peligros.

Te llevarán entre sus mismas manos,
irás entre sus brazos suspendido,
no sea que se encuentre alguna piedra,
y puedas tropezar en el camino.

Hollarás con tu pie, firme y sereno,
al áspid venenoso, al basilisco,
y pisarás con plantas victoriosas
al león feroz, y aun al dragón maligno.

Porque (dice el Señor) en mí esperaba,
y quiero socorrerlo en sus conflictos,
yo le protegeré, porque conoce
mi nombre, y lo invoca sometido.

Él lo invocó cuando se vio apurado,
por eso favorable quise oírlo,
a su lado me puse en sus estrechos,
y lo saqué con gloria del peligro.

Y quiero darle vida dilatada,
llena de días dulces y tranquilos,
y también le daré cuando sea tiempo
gozos eternos en el seno mío.

DEL "SALTERIO POÉTICO ESPAÑOL", SIGLO XVIII

2

∽∽∽∽

Salmo completo: Los redactores del Talmud asignan a la pluma de Moisés no tan solo el Salmo 91, sino también los nueve siguientes; pero lo hacen en base a una norma: que todos aquellos salmos donde no figura en el título el nombre de su autor pertenecen al poeta cuyo nombre figura en el salmo más cercano de los precedentes. A pesar de que resulta imposible demostrar que esta oda cxcepcional no fuera escrita por David, el trasfondo general de su escenario y numerosas alusiones concretas concurren en señalar que por esta sublime composición estamos más bien en deuda, como en el caso del salmo anterior, con la musa de Moisés: que fue compuesto por el gran legislador durante el peregrinaje de Israel por el desierto, poco después de la plaga de serpientes venenosas,[9] cuando los hijos de Israel, habiendo recuperado un mejor espíritu, eran de nuevo receptores del favor de Jehová. Los israelitas, además de a sus enemigos bélicos naturales, se enfrentaban en su peregrinar a muchos otros peligros. De una parte las duras condiciones del clima: tanto los *golpes de sol* o insolaciones durante las horas punta de calor del día, de los cuales los protegía la nube que a modo de dosel

---

[9] Números 21:4-9.

les cubría durante el día, como los vapores pestilentes o *golpes de luna*[10] en la humedad de la noche, que era la iluminada y purificada por la milagrosa columna de fuego.[11] De otra, en Egipto habían tenido sobrada ocasión de comprobar los efectos devastadores de las plagas, y habían sido tan severamente amenazados con ellas como castigo a la desobediencia, que sentían constante pavor a su aparición, dada la dureza y profunda fatiga de su interminable viaje. Y por si ello no fuera suficiente, debían permanecer en guardia constante contra los ataques de todo tipo de insectos y reptiles que llenaban aquel *"desierto grande y espantoso"* según el propio Moisés lo describe, *"lleno de serpientes ardientes, y de escorpiones, y de sed, donde no había agua"*[12]. Y donde también, según sabemos a través de otros pasajes de la Escritura, había osos, leones, leopardos o tigres, y *"el lobo del anochecer"*[13] como lo describe Jeremías con extraordinaria belleza literaria, merodeaba a su alrededor y les acosaba sin cesar. En el Salmo 91:5-13, y algunos salmos que siguen, tenemos una descripción tan clara y gráfica de todas estas plagas y circunstancias peculiares que se dieron durante este período concreto de la historia de Israel, que todo encaja y apunta a esta época,

---

[10] Salmo 121:6. No hay constancia científica de que exista nada parecido a *"golpes de luna"*. Puede que se trate de un simbolismo común en la poesía hebrea. Lo que viene a decir es que "ni los peligros del día, ni los de la noche, podrán causarte daño alguno".

[11] Éxodo 13:21,22.

[12] Deuteronomio 8:15.

[13] En hebreo זְאֵב עֲרָבוֹת *zəʾēḇ ʿărāḇōwṯ* de עֲרָבָה *arabah,* "Arabia", literalmente *"lobo de Arabia"* (Jeremías 5:6; Ezequiel 22:27; Habacuc 1:8; Sofonías 3:3). La mayoría de versiones españolas traducen *"lobo de los desiertos"*, más o menos acorde con el texto hebreo, pero KJV traduce *"wolf of the evenings"*, "lobo del anochecer".

por lo que consideramos innecesario seguir buscando otra ocasión apropiada a la que encuadrarlo.

JOHN MASON GOOD [1764-1827]
"Historical Outline of the Book of Psalms"

Salmo completo: Es uno de los poemas más excelentes escritos en su categoría. Resulta imposible imaginar nada más sólido, hermoso, profundo o adornado. Si el latín o cualquier otra lengua moderna alcanzaran a poder expresar la hermosura de sus términos y la elegancia de giros de sus estrofas en toda su intensidad, no sería difícil persuadir al lector de que no hay ni en *griego* ni en *latín* poema comparable a esta sublime oda hebrea.

SIMÉON MAROTTE DE MUIS [1587-1644]
"Commentarius litteralis et historicus in omnes Psalmos", 1630

Salmo completo: El Salmo 90 describe al hombre marchitándose bajo la ira de Dios por causa del pecado. El Salmo 91 nos habla de un Hombre capaz de hollar al león y la víbora con sus pies. Sin duda el Tentador dio en el blanco al aplicar este Salmo *"al Hijo de Dios"*[14]. Sus imágenes verbales parecen extraídas en parte de la noche de la Pascua, cuando el Ángel Destructor[15] pasó por Egipto, pero los israelitas fieles y obedientes fueron protegidos por Dios.

WILLIAM KAY [1820-1896]
"The Psalms: Translated from the Hebrew with Notes Chiefly Critical and Exegetical", 1871

---

[14] Mateo 4:6.
[15] Éxodo 12:23. En hebreo הַמַּשְׁחִית *hammašḥît*, "el destructor". LBLA traduce *"ángel destructor"*.

3

∞

Vers. 1. *El que habita al abrigo del Altísimo morará bajo la sombra del Omnipotente.* *[El que habita al abrigo del Altísimo y mora bajo la sombra del Omnipotente. RVR] [El que habita al abrigo del Altísimo se acoge a la sombra del Todopoderoso. NVI] [El que habita al abrigo del Altísimo morará a la sombra del Omnipotente. LBLA]*

El que habita al abrigo del Altísimo.[16] Las bendiciones que se prometen aquí no son para todos los creyentes, solo para aquellos que viven en estrecha comunión con Dios. Todos los hijos de Dios miran en dirección al santuario interior y el propiciatorio, pero no todos moran en el lugar

---

[16] En hebreo: יֹשֵׁב בְּסֵתֶר עֶלְיוֹן *yōšêḇ bəsêṯer 'elyōwn*. La KJV lo traduce como: *"in the secret place of the most High"*, "en el lugar secreto del Altísimo". El sentido del término hebreo בְּסֵתֶר *bəsêṯer* de סָתַר *cether* apoya esta idea de "lugar íntimo, reservado", como se desprende su uso en muchos otros casos como en 1ª Samuel 19:2. KRAUS entiende que se refiere al área de protección del santuario (Salmo 27:5, 31:20, 61:4). La Versión griega de los LXX o *Septuaginta* lee ὁ κατοικέω ἐν βοήθεια ὁ ὕψιστος que la *Vulgata* traduce como: *"Qui habitat in adjuterio Altissimi"*, "El que habita en el socorro del Altísimo".

santísimo. Quizá acudan ocasionalmente y se gocen visitándolo, pero no residen de modo habitual en el entorno de la presencia misteriosa. Pero aquellos que en virtud a las riquezas de la gracia logran una comunión excepcional y continua con Dios, hasta permanecer en Cristo y Cristo en ellos,[17] se convierten en receptores de beneficios extraordinarios, privilegio que se pierden aquellos que entristecen al Espíritu Santo siguiendo al Señor de lejos.[18] En el *lugar secreto* solamente moran aquellos que conocen el amor de Dios en Cristo Jesús y para los cuales el vivir es Cristo.[19] Para ellos, el velo está partido,[20] el propiciatorio es revelado,[21] los querubines de la cubierta presentes, y ante sus ojos se hace manifiesta la gloria indescriptible del Altísimo. Estos, como Simeón,[22] tienen sobre ellos el Espíritu Santo; y como Ana, no se apartan del templo;[23] son los cortesanos del Gran Rey, los valientes que hacen guardia alrededor de la litera de Salomón,[24] las almas puras que siguen al Cordero doquiera que va.[25] Elegidos entre los elegidos, *"igualan a los tres primeros"*[26] y caminarán

---

[17] Juan 15:4-7.

[18] Efesios 4:30.

[19] Filipenses 1:21.

[20] Mateo 27:51; Hebreos 10:20.

[21] Es probable que Spurgeon aluda aquí a la primera línea de un conocido himno de Arthur R. Gibby, entonado en el "Ejército de Salvación", cuyas bandas de música y grupos corales solían cantarlo por las calles y plazas londinenses: *"There is a mercy seat revealed"*.

[22] Lucas 2:25.

[23] Lucas 2:36.

[24] Cantares 3:7,8.

[25] Apocalipsis 14:4.

[26] 1ª Crónicas 11:25.

con su Señor vestidos con vestiduras blancas,[27] porque son dignos de ello. Están sentados en la cámara de la augusta presencia, donde resplandece la mística luz de la *Shekhinah*,[28] pues han resucitado juntamente con Cristo y tienen derecho a sentarse con él en los lugares celestiales.[29] De ellos se dice, en verdad, que su ciudadanía está en los cielos.[30] Y esa gracia especial que les es otorgada conlleva una inmunidad singular, una situación privilegiada que a los adoradores que permanecen en el atrio exterior y adoran desde allí les pasa desapercibida, pues poco saben de las cosas que hay en el santuario interior, de lo contrario presionarían hasta lograr una posición más cercana y una mayor familiaridad con Dios. Los que son huéspedes habituales del Señor en el lugar secreto descubren que mientras permanecen puertas adentro del santuario jamás sufren daño alguno; pues el Señor ha comido con ellos la sal del pacto,[31] y está comprometido a protegerles.

Morará bajo la sombra del Omnipotente.[32] Dios todopoderoso es escudo y amparo de aquellos que moran con él, que permanecen bajo su protección, como están los huéspedes terrenales bajo la responsabilidad de su anfitrión. El objeto más notorio en el lugar santísimo eran las alas de los querubines, y fueron probablemente ellas

---

[27] Apocalipsis 7:9-17.

[28] La palabra hebrea שְׁכִינָה *shekhinah* no aparece como tal en la Biblia. Surge del verbo שָׁכַן *shâkan,* "permanecer", "morar", y se supone que la palabra griega σκηνη *skênê* procede de ella. El sentido es de una "estancia inmanente, sustancial, estable", no de una fugaz. *"Shekhinah"* se refiere a la presencia o cercanía de Dios a su pueblo.

[29] Efesios 2:6.

[30] Filipenses 3:20.

[31] 2ª Crónicas 13:5; Números 18:19.

[32] En hebreo: בְּצֵל דַּי יִתְלוֹנָן *bəṣêl day yiṯlōwnān.*

las que inspiraron en la mente del salmista esta sublime expresión: *"Morará bajo la sombra del Omnipotente"*. Los que mantienen una relación constante y directa con Dios, en él están seguros, ningún mal podrá alcanzarles, porque las alas extendidas de su poder y su amor les protegen de todo mal. Una protección permanente, puesto que *moran* en ella; y total, porque es la mismísima *sombra del Todopoderoso* la que les cubre, protege y oculta de cualquier ataque con su omnipotencia. No cabe imaginar otro refugio mejor, no hay otro baluarte comparable en seguridad al que nos brinda la sombra de Jehová. El Omnipotente está allí donde esté su sombra, y por tanto, los que moran a su abrigo son resguardados y protegidos por él. ¡Qué sombra tan refrescante en días agobiantes de asfixia letal! ¡Qué refugio tan seguro en horas angustiosas de tormenta mortífera! Nuestra comunión con Dios es nuestra mejor seguridad y garantía. Cuanto más cerca estemos de nuestro Padre todopoderoso y más aferrados permanezcamos a él, más seguros estaremos y más confiados nos sentiremos.

C. H. Spurgeon

El que. No importa si es rico o pobre, sabio o ignorante, patricio o plebeyo, joven o viejo, porque *"Dios no hace acepción de personas"*[33] sino que *"es rico para con todos los que le invocan"*[34].

Roberto Bellarmino [1542-1621]
"Explanatio in Psalmos", 1615

---

[33] Hechos 10:34.
[34] Romanos 10:12.

El que habita al abrigo del Altísimo. Fijémonos bien:
el que habita al abrigo del Altísimo no es aquel que evo-
ca un par de deseos fugaces de esperanza en Dios o unas
pocas experiencias pasajeras, sino el hombre que pone en
él una confianza absoluta, asidua y constante. Es decir, el
que hace de Dios su lugar habitual de residencia: su hogar,
su morada, su mansión.

THOMAS LE BLANC [1599-1669]
"Psalmorum Davidicorum Analysis in qua aperte cernitur
singulis in Psalmis ordinem esse admirabilem: adjungitur
commentarius amplissimus", 1645

El que habita al abrigo del Altísimo. ¡Qué forma de
comunión tan íntima e ilimitada describen estas palabras!
El cristiano puede abrir plenamente su corazón a Dios
como haría con un amigo querido y volcar en él todos
sus pensamientos y sentimientos, sus necesidades y deseos, sus dudas y ansiedades, sus penas y sus alegrías. Y
no en un solo sentido, sino en ambas direcciones, ya que
este amigo Todopoderoso admite a sus elegido a su *"lu-*
gar íntimo" y se revela también a ellos. ¡Un pensamiento
demasiado maravilloso para ser verdad y demasiado pre-
suntuoso para miserables criaturas como somos! Pero es
Dios mismo quien lo fomenta, porque desea esa intimidad
y nos da a entender que ese es el tipo de comunión a la que
nos llama: *"La comunión íntima de Jehová es con los que*
le temen"[35]. ¿Y en qué consiste esta *"intimidad"*? En una
relación estrecha con un Dios que el mundo no conoce, ni
ve, ni se preocupa por disfrutar. Dios abriendo ante aquellos que le aman su mente divina, sus pensamientos, sus

---

[35] Salmo 25:14.

planes, sus caminos: *"Sus caminos notificó a Moisés"*[36].
Sí, y de qué manera, hasta el extremo, pues cosas que fueron escondidas a los ángeles[37] ahora nos son anunciadas a nosotros, sus amigos. Dios desea que le conozcamos, y por medio de su Palabra y Espíritu se revela y manifiesta abiertamente ante nosotros. ¡Ah! No es por tanto su voluntad si no le conocemos, es nuestra insensibilidad y descuido!

MARY B. M. DUNCAN [1825-1865]
"Under the shadow of the Almighty", 1867

El que habita en el lugar secreto del Altísimo. Por lugar secreto quiere decir aquí un lugar de refugio al abrigo de las tormentas del mundo y bajo la protección secreta de la providencia divina que cuida de todos sus hijos. Algunos autores ven también en este lugar *"al abrigo del Altísimo",* la formidable fortaleza o castillo de la defensa divina, a la que su pueblo corre presuroso cuando es perseguido por sus enemigos, del mismo modo que los animales silvestres corren a su cueva o madriguera en busca de protección cuando el cazador los persigue y los perros se les acercan. Aclarado el significado de lo que el profeta denomina *"abrigo del Altísimo",* (nuestra morada en virtud de la confianza que tenemos depositada en él), aprendamos que en nuestros problemas debemos ante todo refugiarnos en Dios, buscando su ayuda únicamente y sometiéndonos a los designios de su providencia (…) Lo que traducimos por *"habita",* quiere decir "asentarse, establecerse"; de lo que deducimos que nuestra estancia en el lugar secreto de Dios debe ser algo permanente, hemos de asentarnos y

---

[36] Salmo 103:7.
[37] 1ª Pedro 1:12.

establecernos en ella; es decir, hacer de ella nuestro lugar de residencia habitual, nuestro hogar. Aprendamos, por tanto, que los hijos de Dios no deben entrar en el *lugar secreto* de Dios en calidad de invitados o huéspedes temporales en una posada, sino como residentes en su propia vivienda; lo que implica que deben confiar igualmente en Dios en todas las circunstancias, en la abundancia y en la necesidad; en la salud y en la enfermedad, lo mismo cuando se seca su raíz[38] que cuando florecen.[39]

ROBERT HORN [1565-1640]
"The Shield of the Righteous: or, the Ninety-first Psalme,
expounded, with the addition of Doctrines and Verses", 1628

El que habita al abrigo del Altísimo.

1. *"El que habita".* Esto es, "mora, reside, permanece". Se aloja seguro y sosegado.

2. *"El que habita al abrigo".* Esto es, mora "bajo la sombra". Una sombra que cubre y favorece, que refresca y protege.

3. *"El que habita al abrigo del Altísimo".* Esto es, mora bajo la sombra "del Omnipotente", del Dios poderoso, del Dios de los cielos, del Dios cuyo nombre es *El Shaddai,* Todopoderoso, Todosuficiente.

ADAM CLARKE [1760-1832]
"Commentary on the Whole Bible", 1831

Morará. El término hebreo que nuestras versiones traducen aquí por *"morar"* es יֹשֵׁב *yōšêḇ* de יָשַׁב *yashab* y

---

[38] Job 18:7; Ezequiel 17:8-9.
[39] Salmo 1:3; Jeremías 17:8.

significa "pasar la noche"[40]. Tiene por tanto un sentido de permanencia constante y reposada de los justos bajo el auxilio y protección de Dios. Pero este auxilio y protección de Dios no es como una choza en un melonar o un cobertizo en un viñedo,[41] que es destruido y desaparece en un momento; o como una tienda plantada en el desierto y abandonada repentinamente por el caminante.[42] Es una torre fuerte,[43] un hogar paternal, el hogar del Padre más rico y poderoso, donde transcurre toda nuestra vida disfrutando de lo mejor. "Pasar la noche" denota también seguridad y descanso en tiempo de oscuridad, de tentaciones y desastres. Abraham pasó la noche con Dios, cuando este le predijo las aflicciones de sus descendientes en Egipto y su liberación.[44] Pero antes Dios le había dicho también *"No temas, Abram; yo soy tu escudo"*. Y después, llevándole fuera, le mostró el brillo intenso de las estrellas diciéndole: *"Mira ahora los cielos, y cuenta las estrellas, si las puedes contar. Y le dijo: Así será tu descendencia"*[45].

THOMAS LE BLANC [1599-1669]
"Psalmorum Davidicorum Analysis in qua aperte cernitur singulis in Psalmis ordinem esse admirabilem : adjungitur commentarius amplissimus" 1645

Bajo la sombra. Es probable que este versículo aluda a los símbolos místicos y asombrosos del Arca del Pacto.[46]

---

[40] En este sentido algunas versiones traducen *"se hospeda"* y otras antiguas *"pernoctará bajo la sombra del Omnipotente"*.
[41] Isaías 1:8.
[42] Jeremías 9:2.
[43] Proverbios 18:10.
[44] Génesis 15:12-16.
[45] Génesis 15:1,5.
[46] Éxodo 25:18-40; Hebreos 9:3-6.

En las ceremonias de la antigua ley mosaica, únicamente el sumo sacerdote podía entrar, y solo una vez por año, al lugar santo donde se alojaban los emblemas de la gloria y la presencia divina.[47] Pero bajo la actual dispensación de claridad y misericordia, todo creyente verdadero puede osar penetrar abiertamente en el lugar santísimo. Y por tanto, todo aquel que habita en el lugar secreto de oración y constante comunión con el Dios de salvación, descubrirá que la misericordia y los cuidados divinos se derraman sobre él de manera constante, día tras día, para su protección y solaz.

JOHN MORISON [1791-1859]
"An Exposition of the Book of Psalms", 1829

Bajo la sombra del Omnipotente. Una expresión que transmite un sentido de cercanía o proximidad extraordinaria, pues para que la sombra de otra persona se proyecte sobre nosotros, hemos de estar muy cerca.[48] ¿Cabe imaginar otra expresión más acertada y hermosa para describir la *presencia constante* de Dios en sus escogidos?: *"Morarán bajo su sombra"*. En la hermosa alegoría de Salomón en el Cantar de los Cantares aplicada a la Iglesia, hablando esta en calidad de esposa de su especial comunión con Cristo, dice refiriéndose a él: *"Bajo la sombra del deseado me senté"*[49]. *"Me senté"*, es decir, no

---

[47] Hebreos 9:7-8.
[48] SCHÖKEL nos hace observar que en los dos primeros versículos del Salmo 91 el salmista utiliza cuatro nombres hebreos distintos para referirse a Dios: עֶלְיוֹן *Elyown,* "el Altísimo"; שַׁדַּי *Shadday,* "el Omnipotente"; יְהוָה *Yahweh,* "el Señor"; אֱלֹהַי *'ĕ·lō·hāy,* "mi Dios".
[49] Cantares 2:3.

deseosa de partir sino ansiosa de permanecer allí, bajo su sombra para siempre. Solo quien elige habitar *"al abrigo del Altísimo"*, morará *"bajo la sombra del Omnipotente"*. Vemos por tanto que hay una condición y una promesa que van ligadas. La condición es que *"habitemos al abrigo"*, y la promesa es que si lo hacemos, *"moraremos bajo la sombra"*. Verlo desde esta perspectiva es de suma importancia, pues cuando tenemos claro en nuestra en mente que es una bendición *prometida,* empezamos a entenderla como un don, es decir, algo por lo cual debemos orar pidiéndolo con fe y que es impartido a través de los medios designados por Dios. ¡Ah, qué tremenda esperanza despierta y aviva *esto* en nosotros! Mi débil corazón, inestable, errabundo y siempre vacilante, incapaz de mantener el curso por sí mismo durante dos días consecutivos, debe buscar y obtener su perseverancia en Dios, no en su propia fortaleza. Es Dios quien, apegándoselo, lo sostendrá en su búsqueda de firmeza y determinación. No somos nosotros quienes nos aproximamos y aferramos a Dios, es Dios quien nos busca y se mantiene cercano a nosotros.[50]

MARY B. M. DUNCAN [1825-1865]
"Under the shadow of the Almighty", 1867

El que habita al abrigo del Altísimo morará bajo la sombra del Omnipotente. Hemos escuchado acerca de un venado que corría libre por todas partes sintiéndose seguro porque llevaba colgado del cuello un letrero que decía: «No te atrevas a tocarme, pertenezco al César». Los hijos de Dios comparten esa misma situación, estén donde estén, sea cual sea la circunstancia siempre están seguros,

---

[50] Deuteronomio 4:7; Salmo 34:18; 145:18.

incluso en medio de leones, osos, serpientes, fuego, agua, truenos y tempestades; porque están bajo la sombra del Señor, una sombra que todas las criaturas de la creación reconocen y reverencian.

ROBERTO BELLARMINO [1542-1621]
"Explanatio in Psalmos", 1615

Vers. 1, 4, 9. Escuchad bien todos aquellos que sois presa fácil de temores a causa de algún peligro: abandonad de inmediato todos los medios humanos de protección, las consultas preocupadas y los elaborados planes mundanos, y habitad en la Roca imperturbable del poder y providencia de Dios. Acudid a Dios cual palomas que anidan en las hendiduras de las peñas; habitad por fe en la Roca eterna, anidad en ella, y haced de ella vuestro cobijo seguro. Pero, ¿esto cómo se consigue?, seguramente os preguntéis, ¿cuál es el camino para lograrlo? Poned en funcionamiento vuestra fe, para que ella haga de Dios la respuesta a todos vuestros problemas; lanzaos en manos de su poder y providencia con un espíritu resuelto y dispuestos a descansar plenamente en él dejando en sus manos vuestra seguridad, venga lo que venga y suceda lo que suceda. Y el mejor ejemplo de esto lo encontramos en este Salmo (91:1): *"El que habita al abrigo del Altísimo morará bajo la sombra del Omnipotente"*; es decir, estará seguro, a salvo de toda clase de peligros y temores. ¡Cierto –exclamaréis sin duda–, al abrigo del Altísimo cualquier temor carece de sentido! Pero, ¿acaso puede un ser humano *"habitar"* al abrigo del Altísimo, penetrar en su lugar secreto, parapetarse en su torre fuerte? La respuesta la encontramos en el versículo siguiente de este mismo Salmo (91:2): *"Diré yo a Jehová: Esperanza mía, y castillo mío"*. Dice el profeta: no solo afirmo que Dios es *un refugio* seguro, sino que además afirmo también que es *mi refugio* personal: *"Diré yo al Señor"*, lo que equivale a decir: "Pondré mi fe a trabajar para descargar en Dios todo mis problemas, amparándome en él de modo absoluto en todo lo relativo a mi seguridad". Y ved a continuación lo que sucede (91:3,4) como resultado de poner la fe en marcha: *"Él te librará del lazo del cazador, de la peste destructora. Con sus plumas te cubrirá, y debajo de sus alas estarás seguro; escudo y adarga es su verdad."* Así de confiado se muestra el salmista de que, en base a la decisión que ha tomado, su seguridad está garantizada. Nuestra seguridad no descansa únicamente en el hecho de que Dios sea refugio y habitación, sino en que al haber *"puesto a Jehová, que es mi esperanza, al Altísimo por tu habitación, no te sobrevendrá mal, ni plaga tocará tu morada"*. Se hace evidente, pues, que nuestra seguridad consiste "en poner a Dios por nuestra habitación"; y la única manera factible de poner a Dios por nuestra habitación, es lanzarnos plenamente y sin reservas, por medio de la fe, en brazos de su poder y providencia.[51]

JEREMIAH DYKE [1584-1639]
"The Righteous Man's Tower", 1839

Vers. 2. *Diré yo a Jehová: Esperanza mía, y castillo mío; mi Dios, en quien confiaré.* [*Diré a Jehová: Esperanza mía, y castillo mío; mi Dios, en quien confío.*

---

[51] Dice un antiguo refrán: «La seguridad del pájaro no está en la débil rama sobre la que justo acaba de posarse, sino en saber que, en caso de necesidad, cuenta con alas para remontar el vuelo y refugiarse en lugar seguro».

RVR] *[Yo le digo al Señor: «Tú eres mi refugio, mi for-*
taleza, el Dios en quien confío.» NVI] *[Diré yo al Señor:*
Refugio mío y fortaleza mía, mi Dios, en quien con-
fío. LBLA]

    Diré yo al Señor: Refugio mío y fortaleza mía. Perso-
nalizar las promesas divinas es la mejor sabiduría. Y hacer
nuestras las verdades espirituales apropiándonos de ellas
mediante nuestra fe personal es una gran virtud. Decir del
Señor que es *"un refugio y fortaleza",* es consuelo pobre
y limitado, mientras que afirmar categóricamente que es
"refugio mío y fortaleza mía", es la esencia de todas las
consolaciones. Cuando los creyentes abren la boca para
hablar de Dios, han de hacerlo siempre en primera persona, para afirmar *"Diré yo al Señor".* Porque esta afirmación, aunque aparentemente osada, honra a Dios y a su
vez anima a otros a buscar la misma confianza. Los seres
humanos tenemos tendencia a exponer nuestras dudas, e
incluso a jactarnos de ellas. Incluso hay hoy en día muchos que pretenden tener cultura y capacidad, y que se va-
naglorian en proyectar sus dudas y sospechas sobre todas
las cosas. Es por tanto obligación del verdadero creyente
hablar alto y claro, testificando abiertamente su fe y expre-
sando públicamente su justificada confianza en su Dios,
con amabilidad y corrección, pero con decisión y coraje.
Dejemos que los demás digan y cuestionen lo que se les
antoje, nosotros limitémonos a proclamar como el salmista, que el Señor es *"nuestro refugio"*[52]. Recordemos, no

---

[52] Dice FRANCISCO LACUEVA [1911-2005] en el "Comentario de
Matthew Henry": «Los idólatras llamaban a sus ídolos מָעֻזִּים
māʿuzzîm, "fortines inexpugnables" (Daniel. 11:39), pero en eso se
engañaban a sí mismos, pues solo los que hacen de Jehová su fortín

obstante, que hemos de ser consecuentes, y que aquello que afirmamos con palabras debemos probarlo con nuestros hechos, lo que decimos con la boca ha de tener reflejo en nuestras acciones; esto implica que ante cualquier dificultad, en lugar tratar de buscar ayuda en cualquier brazo humano,[53] debemos volar de inmediato hacia el Señor que es nuestro amparo. El pájaro vuela a los matorrales y la zorra se desliza apresuradamente a su madriguera, toda criatura acude a su refugio habitual ante la menor amenaza; así también nosotros, ante el mínimo temor debemos volar de inmediato a Jehová, el Eterno, Protector de los que son suyos. Y una vez bajo su amparo, regocijémonos en saber que nuestra posición es inexpugnable, porque él no solo es nuestro *refugio,* sino también nuestra *fortaleza.* No hay foso, portón, puente levadizo, muro, bastión, almena o torre de defensa que pueda proporcionarnos mayor seguridad que los atributos divinos del Señor de los Ejércitos cuando nos envuelven con su poder. ¡Comprobad cómo el Señor es mucho mejor que murallas y almenas en el día de la angustia! Nuestro baluarte desafía todas las huestes infernales confabuladas. Enemigos de toda naturaleza, materiales e inmateriales, se estrellan por igual y quedan paralizados en su furia y rapiña cuando el Señor de los Ejércitos se sitúa entre nosotros y ellos; y las fuerzas del mal se ven obligadas a retirarse de inmediato. Murallas y paredes son ineficaces a la hora de aislarnos de la pestilencia, pero el Señor sí puede hacerlo.

Mi Dios, en quien confío. Por si no hubiera sido suficiente afirmar que Dios es su refugio y fortaleza, añade *"mi Dios, en quien confío".* Más no se puede decir.

---

están a salvo de todo ataque. Por eso, puede el salmista decir con toda seguridad: Mi Dios, en quien confío».

[53] Jeremías 17:5.

"Mi Dios", implica todo y más de lo que nuestro corazón entienda como vía de seguridad. Es, por tanto, del todo apropiado que añada *"en quien confío"*, puesto que negar al Todopoderoso una confianza ciega sería una maldad intencionada y un insulto injustificable. Quien habita tras los muros de una fortaleza inexpugnable, es natural que confíe en ella y se sienta seguro. ¿Y no habrá de experimentar alivio en su alma, reposar tranquilo y sentirse seguro quien sabe que habita en Dios? ¡Ojalá fuéramos capaces de adoptar esta resolución del salmista y hacer nuestras sus palabras! Un día decidimos confiar en Dios, sigamos confiando en él, sean cuales sean las circunstancias. Si nunca nos ha fallado ¿qué razones tenemos para dudar? ¿Por qué habremos de albergar ahora sospechas? Para la naturaleza caída, confiar en el hombre es algo natural; confiar en Dios debería serlo igualmente para la naturaleza regenerada. Teniendo como tenemos toda suerte de razones y garantías para la fe, deberíamos ser capaces de depositar nuestra confianza en él sin vacilaciones ni fluctuaciones. Amado lector, ora implorando la gracia de poder exclamar: *"Mi Dios, en quien confío"*.

C. H. Spurgeon

Tú eres mi refugio, mi fortaleza, mi Dios en quien confío.

1. *Mi refugio.* Dios es nuestro *"refugio"*. Quien se jacta de ser beneficiario de un refugio, es evidentemente alguien que se ve en la necesidad de huir. Un refugio es un lugar de retiro escondido y tranquilo, a cubierto de un enemigo que nos persigue. Y ciertamente hay infinidad de pruebas, tentaciones, y enemigos de los cuales lo mejor que puede hacer el cristiano es huir, ya que no puede hacerles frente, son demasiado fuertes para él. Y lo más

sabio en tales casos es huir al refugio del lugar secreto de su Dios, ponerse *"al abrigo del Altísimo"* y descansar *"bajo la sombra del Omnipotente"*. En tales situaciones, *"su fortaleza está en quedarse quieto"*[54] y reposar en *refugio* tan seguro.

2. *Mi fortaleza*. El salmista afirma, además, que Dios es su *"fortaleza"*. Aquí la idea cambia por completo. Ya no se refiere a un lugar escondido y pacífico, un aislamiento de reposo y solaz, sino a un lugar de combate; una torre defensiva, visible, fuerte, preparada para resistir los ataques de los enemigos; prevenida, apertrechada y capaz de hacerles frente a todos. Dios es un Amigo que suple todas las carencias de nuestra naturaleza humana y colma todas nuestras necesidades de reposo y de defensa. Por tanto, cuando nos sentimos débiles y flaqueamos, incapaces de afrontar el embate y fragor de la batalla, intentando repeler el pecado con dificultad y afrontar la aflicción y la ira de los hombres con arduos esfuerzos, él se erige en nuestra fortaleza, nuestra torre fuerte, desde la cual podemos defendernos sin que ningún mal nos alcance.

3. *Mi Dios*. Finalmente el salmista, a modo de sumario, exclama: *"Diré yo al Señor: Tú eres mi Dios"*. ¿Se había olvidado de algo en sus descripciones anteriores? Por si acaso, las agrupa ahora a todas en una sola expresión: *Tú eres mi Dios*. Eso lo resume y atribuye cualquier adscripción de honor, gloria y poder al *"Dios sobre todas las cosas, bendito por los siglos"*[55]. Al tratar de describir en qué manera el Señor ha sido para él refugio y fortaleza en todo momento; al rememorar las dulces experiencias vividas de comunión con él y expresar con el mayor

---

[54] Isaías 30:7.
[55] Romanos 9:5.

énfasis posible su amor, reverencia, confianza, obediencia y relación filial con su Señor; le faltan las palabras, y solo es capaz de pronunciar una única expresión. Más, oh, ¡qué sublime expresión!: *Tú eres mi Dios.*

MARY B. M. DUNCAN [1825-1865]
"Under the shadow of the Almighty", 1867

Mi Dios. Sí, tú eres mi Dios, y lo eres de manera muy especial. En primer lugar y en lo que a ti mismo respecta, por las muchas bondades que me has concedido y me concedes. En segundo lugar, y en lo que a mi respecta, por el amor y la reverencia tan particulares con que me aferro a ti.

JOHANNES PAULUS PALANTERIUS [1540-1606]
"Illvstris Psalmorvm Davidicorvm Nusquam a recepto Sacrae Scripturae sensu recedens, mireq[ue] veluti Gemma clarissima resplendens Explanatio", 1600

Vers. 2-4. Si nos atemorizan la severidad y justicia de Dios, el Señor se ofrece él mismo *cual ave con sus alas extendidas* para acoger debajo al suplicante (91:4).

Si nos persiguen enemigos demasiado fuertes, el Señor nos abre su seno a modo de *refugio* (91:2).

Si súbitamente nos vemos atacados, se transforma en fortaleza (91:2).

Si somos perseguidos y asediados, se convierte en *lugar secreto;* si la persecución arrecia, nos ofrece su *sombra;* y si los gobernantes y poderosos se vuelven contra nosotros, se interpone en su cualidad de *Omnipotente y Todopoderoso Salvador* (91:1).

Si nuestros adversarios son astutos cual hábiles cazadores, el Señor nos promete prevenir y destruir sus trampas (91:3). Cualquiera que sea el mal que se cierna sobre el creyente con el propósito de destruirlo, de día o de noche, abierta o secretamente, el Señor lo anticipa y le libra del mismo a tiempo.

Si alguien siembra de piedras, obstáculos y tropiezos nuestro camino el Señor, con medios para solucionarlo, sus siervos, sus ángeles, siempre dispuestos y preparados para evitar que el creyente tropiece: *"Dará órdenes a sus ángeles acerca de ti para que te guarden"* (91:11); y no a un solo ángel, sino a todos, a un buen número de ellos.

DAVID DICKSON [1583-1663]
"A Brief Explication of the Psalms from L to C", 1655

Vers. 3. *Él te librará del lazo del cazador, de la peste destructora. [Él te librará del lazo del cazador, de la peste destructora. RVR] [Solo él puede librarte de las trampas del cazador y de mortíferas plagas. NVI] [Porque Él te libra del lazo del cazador y de la pestilencia mortal. LBLA]*

Él te librará del lazo del cazador. No cabe la menor duda de que nos librará del lazo del cazador. Pues no hay complot posible, por sutil que sea, que aspire a tener éxito contra aquellos que están bajo vigilancia de los ojos de Dios. Somos débiles e incautos cual pobres pajarillos,[56] y susceptibles de ser atraídos con engaño a nuestra destrucción por enemigos astutos. Pero si habitamos cerca de

---

[56] Proverbios 7:23; Eclesiastés 9:12.

Dios, él cuidará de que ni aun el más ladino engañador pueda entramparnos.

"Satanás, el astuto cazador que embelesa y traiciona a las almas indefensas de mil maneras distintas..."[57]

acabará frustrado en todos aquellos casos en los que su posible presa disfruta de la privilegiada y honorable condición de habitar en el lugar santo del Altísimo.

Y de la peste destructora.[58] Aquel que es Espíritu puede fácilmente protegemos de los malos espíritus; Aquel

---

[57] La cita corresponde en esta ocasión a las dos últimas líneas de la tercera estrofa del himno basado en la versificación de Isaac Watts [1674-1748] del Salmo 91 ya citada anteriormente, publicada en: *"The Psalms of David Imitated in the Lenguage of the New Testament And Applied to the Christian State and Worship"* al que puso música John Moreton [1764-1804], (*"Union Tune Book"*, 1842) y que comienza diciendo: *"Thrice happy man! Thy Maker's care / Shall keep thee from the fowler's snare; / Satan, the fowler, who betrays / Unguarded souls a thounsand ways".*

[58] En hebreo מִדֶּבֶר הַוּוֹת *middeber hawwōwt* de הַוַּת *havvah*, destrucción. La KJV traduce aquí: *"noisome pestilente"*, "pestilencia repulsiva", nauseabunda, funesta, dañina. Algunas versiones traducen *"maléfica"*. Con solo cambiar la vocalización a דָּבָר *dābār* significa palabra o hecho por lo que algunos exégetas modernos, como Kraus, prefieren traducir: *"de palabra dañina"*. La Versión griega de los LXX o *Septuaginta* dice ταραχώδης y la *Vulgata* traduce directamente: *"et a verbo aspero"*, "de la palabra áspera". Sobre este texto de la *Vulgata* que traduce "palabra dañina" o "palabra áspera" Agustín de Hipona [353-429] hace el siguiente comentario: «*"Él te librará del lazo del cazador, de la palabra áspera"*, Y digo, ¿de la palabra áspera? Sí, de la palabra áspera, porque muchos por temor a la palabra áspera caen en el lazo del cazador. Pues cuando alguien los desprecia y los desmerece por ser cristianos, enrojecen y se avergüenzan de ser cristianos. ¡Ya han

que es misterio puede rescatarnos de los peligros más misteriosos; Aquel que es inmortal puede librarnos de las enfermedades más letales. Hay una modalidad de pestilencia que resulta especialmente funesta: la del error; pero si permanecemos en estrecha comunión con el Dios de verdad, seremos inmunes a ella. Y otra extremadamente letal: la del pecado; pero si moramos al lado de Aquel que es tres veces santo, es inviable que acabemos infectados. Pues hasta de la pestilencia física, de la enfermedad, logrará nuestra fe inmunizarnos si somos capaces de permanecer moral y espiritualmente en el plano superior donde habita Dios, sentir paz interior, caminar sosegadamente, y mostrarnos dispuestos a arriesgarlo todo por amor al deber. La fe infunde ánimo al corazón manteniéndolo a salvo del miedo; y todos sabemos que en épocas de pestilencia, el miedo es más dañino y letal que la propia plaga. Ciertamente hay excepciones, no estamos protegidos de la enfermedad y la muerte de manera axiomática en todos los casos, pero cuando en una persona se dan las características descritas en el versículo primero de este salmo, sin duda protegerán su vida allí donde otros sucumben. Y si a menudo los creyentes no disfrutamos de tal protección es porque no vivimos lo suficientemente cerca de Dios, y en consecuencia, no tenemos la confianza necesaria en la promesa. Este tipo de fe no es concedida a todos los creyentes, pues hay importantes diferencias

---

caído en el lazo del cazador por causa de la palabra áspera! Y si un cristiano lleva una vida de piedad con una conducta ejemplar, y ello le acarrea críticas de parte de otros hermanos, se siente dolido y de inmediato relaja sus costumbres para ser como los demás. ¡Ya ha caído en la trampa del diablo, renunciando a ser trigo limpio en la era para convertirse en paja! Pero quien pone en el Señor su esperanza está libre del lazo del cazador y de las palabras ásperas».

en los grados de fe de cada uno. No es, por tanto, sobre el colectivo general de todos los creyentes que versa aquí el canto del salmista, sino tan solo sobre aquellos que habitan al abrigo del Altísimo, en su lugar secreto. Muchos de nosotros, por desgracia demasiados, somos débiles en la fe, y con frecuencia confiamos más en el contenido de un frasco o en una píldora, que en el poder sanador del Señor dador de la vida. Y si morimos presas de la pestilencia como los que no creen, es porque nos comportamos exactamente igual que ellos, no permitiendo que la paciencia en la fe tomara posesión de nuestras almas.[59] Pero aun en

---

[59] Ver al respecto el testimonio del propio Spurgeon en su comentario a los versículos 9-10 de este mismo Salmo, cuando en 1854, poco después de que aceptara el pastorado de *New Park Street Baptist Church,* la ciudad de Londres fue golpeada por una epidemia de cólera, y en su propia congregación la gente moría por docenas. Spurgeon siempre fue muy avanzado a su época en el tema de la sanidad divina. Tenía la costumbre de orar indefectiblemente por sus feligreses enfermos pidiendo sanidad, y se dice que a lo largo de su ministerio fueron miles las personas que alegaron haberse curado de sus enfermedades después de que el gran predicador orara por ellos. Lo que le impulsaba a hacerlo no era fruto de una reflexión intelectual o teológica sobre el poder sanador de Dios, sino una fe ciega en la respuesta divina a la oración y un profundo sentido de compasión ante el dolor ajeno. Una mañana de 1855 oró por un hombre gravemente enfermo de fiebres; ese mismo día por la noche ese hombre asistió al culto diciendo a sus amigos y conocidos: *"El pastor oró por mí esta mañana y por la tarde la fiebre había desaparecido".* Las numerosas biografías de Spurgeon hablan de múltiples casos de parálisis, reumatismos, y otras enfermedades diversas que fueron objeto de sanidad divina a través de su ministerio. No obstante, él mismo padecía de reumatismo, gota y nefritis crónica, que le obligaban a tener que pasar largas temporadas inactivo recuperándose; y su amada esposa padecía un tipo desconocido de parálisis crónica que le obligaba a permanecer en

estos casos sigue habiendo una diferencia marcada; y es que muy a pesar de que nos infectamos como ellos y sucumbimos como ellos, por la misericordia divina, nuestra muerte es bendita,[60] y acabamos bien, porque partimos para estar con el Señor eternamente. Para el creyente, las pestilencias y enfermedades infecciosas no son algo repulsivo y funesto, son más bien mensajeros del cielo.

C. H. SPURGEON

Él te librará del lazo del cazador. ¿Acaso somos animales salvajes para que el salmista utilice este lenguaje? Algo en común con las bestias tenemos: *"Mas el hombre, en su vanagloria, no entiende nada, es como las bestias que perecen"*[61]. Ciertamente los seres humanos son como las bestias, ovejas extraviadas sin pastor, ¿de qué te vanaglorias tú, hombre, necio aprendiz de nada? No eres más que una presa de caza, para la cual las trampas del

---

cama, sin poder siquiera asistir a la iglesia y escuchar sus sermones, enfermedad de la que no consiguió sanar pese a las numerosas y fervientes oraciones por parte de su marido. De lo que no hay duda, sin embargo, como lo expresa Russell H. Conwell en su biografía del gran predicador, es que: «Probablemente, de ningún otro hombre ni en Inglaterra ni en los Estados Unidos puede decirse que haya curado a tanta gente en el siglo XIX como C. H. Spurgeon, a pesar de que no era médico y jamás escribió una sola receta. Sobre este don, el propio Spurgeon había afirmado en más de una ocasión que era un misterio inexplicable que él no alcanzaba a comprender; añadiendo no obstante que: 'hay en la oración, sin lugar a dudas, un poder especial que debemos utilizar sin restricciones cuando estamos ante personas que sufren y que a través del mismo pueden ser aliviadas'».

[60] Salmo 116:15.
[61] Salmo 49:12, LBLA.

cazador están ya preparadas y dispuestas. ¿Pero quiénes son estos cazadores? Ciertamente, los más ruines y malignos, los más astutos y crueles. Unos cazadores que no hacen sonar el cuerno a fin de que nadie pueda escuchar su sonido e intuir dónde se encuentran, sino que disparan sus flechas contra el inocente desde lugares ocultos. Y si sabemos quiénes son las presas y quiénes son los cazadores, nos queda por averiguar ¿cuál es el *lazo,* en qué consiste la *trampa?* No pretendo inventarme cosas ni filtrar como cierto algo cuestionable. Pero el apóstol Pablo, que no ignoraba las artimañas de tales cazadores, nos habla muy claramente de la naturaleza de este lazo. Dinos pues, bendito apóstol, ¿cuál es esa trampa del diablo de la cual toda alma fiel se regocija en ser librada? *"Porque los que quieren enriquecerse* (¿en este mundo?) *caen en tentación y lazo,* (¿del diablo?)*"*[62]. ¿Acaso las riquezas de este mundo no son lazo del diablo? ¡Y qué pocas personas encontraremos que puedan jactarse de estar completamente libres de semejante red! Por el contrario, cuántas se lamentan de no estar lo suficientemente atrapadas en sus mallas, y se desvelan y afanan con todas sus fuerzas para involucrarse más y más en ella. De modo que aquellos que lo habéis dejado todo para seguir al Hijo del Hombre, que no tenía donde recostar su cabeza,[63] regocijaos y decid: *"Él me ha librado del lazo del cazador"*.

Bernardo de Claraval [1090-1153]

---

[62] 1ª Timoteo 6:9-10.
[63] Lucas 9:58

Y de la peste destructora. Lord Craven[64] residía en Londres durante la época en la que la peste causó estragos en la ciudad. Su casa se hallaba en el área conocida como *Craven Buildings*. Pero al extenderse la plaga decidió abandonar la ciudad y trasladarse al campo. Tenía ya el carruaje dispuesto a la puerta, su equipaje listo para cargar, y todo a punto para emprender la marcha. Pero mientras atravesaba el vestíbulo con el sombrero puesto, el bastón bajo el brazo, y colocándose los guantes para subir al carruaje, escuchó que el muchacho negro que le servía de postillón[65] decía a otro criado: "Imagino que el señor se marcha de Londres para evitar la plaga porque su Dios vive en el campo y no en la ciudad". El muchacho dijo esto sin ninguna mala intención, en la pura simplicidad de su corazón y escasos conocimientos, convencido de que hay diversos dioses. Sin embargo, estas palabras conmocionaron sensiblemente a Lord Craven, por lo que se detuvo en seco. "Mi Dios —discurrió el aristócrata— vive en todas partes, y si su voluntad es preservarme puede hacerlo tanto en la ciudad como en el campo. Voy a quedarme donde estoy. Este muchacho, en su ignorancia, me ha predicado un sermón muy útil. ¡Señor, perdona mi incredulidad y mi falta de confianza en tu providencia, que me llevaba a intentar escapar de tu mano!" Dio orden inmediata de que desengancharan los caballos del carruaje, de volver a entrar el equipaje en la casa, y se quedó en Londres donde fue especialmente útil a sus vecinos enfermos. Y no enfermó de peste.

JOHN WHITECROSS
"Anecdotes illustrative of select passages", 1831

---

[64] Se refiere a WILLIAM CRAVEN [1608-1697] primer Earl de Craven, y a la peste que asoló Londres durante 1665-1666.
[65] El postillón era el criado que cuidaba que en los carruajes todo, desde las caballerías al menor detalle, estuviera dispuesto.

Vers. 3-6. El término "peste" o "pestilencia", según se traduce en nuestras versiones, significa en sus orígenes y entre otras cosas "hablar en público"; pues la peste es algo que habla públicamente y en voz alta proclamando la ira de Dios contra un pueblo. Drusius[66] la identifica con la misma raíz, pero relacionándola con la idea de "decretar", pues las pestes no son algo casual, sino más bien algo que se decreta en el cielo; y Kirker considera que se la denomina así porque "sigue un orden", y no perdona ni a grandes ni pequeños. La raíz hebrea דֶּבֶר *deber* significa "destruir, cortar de raíz", y es posible que la idea de "plaga" o "pestilencia" encuentre en ello su sentido. La Versión griega de los LXX o *Septuaginta* la traduce como Θάνατος, "muerte", ya que por regla general es lo que implica y se relaciona con la idea y el nombre de *Muerte,* que va sentada en un caballo amarillo y le es dada potestad para matar *"con espada, con hambre, con mortandad, y con las fieras de la tierra"*[67], texto que hace referencia al libro de Ezequiel donde se menciona concretamente el término pestilencia: *"¿Cuánto más cuando yo enviare contra Jerusalén mis cuatro juicios terribles, espada, hambre, fieras y pestilencia, para cortar de ella hombres y bestias?"*[68]. Es posible también que el término *pestilencia* proceda de una palabra que significa "contaminar, echar a perder, arrasar", según se desprende del texto de 2ª Samuel[69] donde setenta mil murieron en tres días; y va relacionado también con נָכָה *nakah* que significa "golpear

---

[66] Se refiere al insigne teólogo y exégeta reformado holandés y renombrado hebraísta JOHANNES VAN DER DRIESCHE, más conocido generalmente como JOHANNES DRUSIUS [1550-1616].
[67] Apocalipsis 6:8.
[68] Ezequiel 14:21.
[69] 2ª Samuel 24:15.

duramente, herir", porque golpea de repente y hiere mortalmente, como vemos en Números: *"Voy a enviarles una plaga que los destruya, pero de ti haré un pueblo más grande y fuerte que ellos"*[70]. Se trata de un juicio y castigo muy doloroso, que aquí en el Salmo 91:3 se califica en hebreo de מִדֶּבֶר *middeber,* "pestilencia", *"peste repulsiva"* según traduce la versión inglesa, porque es infecciosa y contagiosa; la versión francesa traduce como peste *"dangereuse"*, es decir, peste "peligrosa o funesta", porque pone en peligro la vida de todos aquellos que se le acercan. Musculus[71] traduce *"a peste omnium pésima"*, "de la peor de todas las pestes". Y otros *"la peste dolorosa"* o *"la peste del infortunio"*, porque acarrea todo tipo de aflicciones y desgracias a cualquier lugar o persona a la que se aproxima, es por sí misma un mensajero nefasto de dolor, temor, pesar, aflicción, desolación, terror y muerte.[72]

WILLIAM GREENHILL [1591-1677]
"Exposition of the prophet Ezekiel,
with useful observations thereupon", 1846

---

[70] Números 14:12, NVI.

[71] Se refiere a WOLFGANG MÜSLIN o WOLFGANG MUSCULUS [1497-1563], monje benedictino de Lixheim, Alsalcia, que en 1527 dejó la Iglesia de Roma para unirse a la Reforma Protestante. Se enfrentó decididamente a los Anabaptistas, contra los cuales escribió un panfleto titulado *"Ain frydsams vnd Christlichs Gesprech ains Euangelischen auff ainer, vnd ains Widerteuffers, auff der andern seyten, so sy des Aydschwurs halben thund"*. Se especializó en lenguas semíticas, tradujo diversos textos y escribió numerosas obras y comentarios, entre ellas un comentario a los Salmos titulado *"In sacrosanctum Dauidis Psalterium commentarii",* 1551, que es el que cita Spurgeon.

[72] Hemos respetado e incluido este texto por fidelidad al original, pero el lector ha de entender que se trata de un análisis filológico propio de la época en que fue escrito.

Vers. 4. *Con sus plumas te cubrirá, y debajo de sus alas estarás seguro; escudo y adarga es su verdad.* [*Con sus plumas te cubrirá, y debajo de sus alas estarás seguro; escudo y adarga es su verdad.* RVR] [*Pues te cubrirá con sus plumas y bajo sus alas hallarás refugio. ¡Su verdad será tu escudo y tu baluarte!* NVI] [*Con sus plumas te cubre, y bajo sus alas hallas refugio; escudo y baluarte es su fidelidad.* LBLA]

Con sus plumas te cubrirá,[73] *y debajo de sus alas estarás seguro.* ¡Qué maravillosa expresión! Si no hubiera sido escrita por un hombre inspirado, podríamos considerarla al borde de la blasfemia, pues ¿quién puede atreverse a utilizar semejantes términos y jugar poéticamente de ese modo con las palabras aplicándolas a Jehová, al Dios infinito? Pero siendo que él mismo las ha autorizado, incluso las ha dictado, estamos ante una contemporización y condescendencia trascendente que debemos admirar y adorar. ¿Habla el Señor aquí de sus plumas[74] como si se describiera a sí mismo semejante a un ave? ¡Quién no es capaz de ver en esta expresión un amor incomparable, una

---

[73] En hebreo: בְּאֶבְרָתוֹ יָסֶךְ *bə'eḇrāṯōw yāseḵ* de סָכַךְ *cakak,* cubrir en sentido de "protección" y "ocultación", como hacían los querubines sobre el arca (Éxodo 33:22; 37:9; 1ª Crónicas 38:18; Salmo 91:4; 139:13; 140:7). La Versión griega de los LXX o *Septuaginta* lee: ἐν ὁ μετάφρενον αὐτός ἐπισκιάζω σύ que la *Vulgata* traduce como: *"Scapulis suis ombumbrabit",* "Con sus espaldas te hará sombra".

[74] En hebreo בְּאֶבְרָתוֹ *bə'eḇrāṯōw* de אֶבְרָה *ebrah,* "plumas"; solo aparece 4 veces en la Biblia y la mayoría en sentido simbólico. En Deuteronomio 32:11 se usa en sentido de "transporte": *"los lleva sobre sus plumas";* aquí se relacionan con "cubrir y proteger", *"con sus plumas te cubrirá".*

ternura divina sin par, que debería arrullarnos y atraernos tanto como ganar nuestra confianza! Así como la gallina cubre sus polluelos, así el Señor protege las almas que moran en él; agazapémonos, pues, y acurruquémonos bajo sus alas en busca de seguridad y consuelo, ya que tanto los halcones que merodean silenciosos por los aires como las serpientes que se deslizan sibilinas por la tierra resultan inofensivos por igual cuando anidamos tan cerca del Señor.[75]

¡Su verdad será tu escudo y tu adarga![76] Su fidelidad y la veracidad de sus promesas serán mi escudo y adarga. Los que confían en el Señor tienen una doble armadura. Disponen de escudo y de adarga, es decir, además del escudo visten una gruesa cota de malla que les rodea todo el cuerpo, tal es el sentido y fuerza de la palabra *"adarga"*[77].

---

[75] Dice Matthew Henry [1662-1714] en su "Comentario a toda la Biblia": «Con su instinto maternal, la gallina no solo protege a sus polluelos, sino que los llama cuando los ve en peligro para que vengan a protegerse bajo sus alas; no solo los pone a seguro, sino que conserva su calor. Dios se complace en compararse a un ave por el sumo cuidado con que protege a los suyos».

[76] Dice al respecto Francisco Lacueva [1911-2005] en su traducción al español del "Comentario de Matthew Henry": «Plumas y alas, aun extendidas con toda ternura, son débiles y frágiles; por eso se añade: *"Escudo y adarga es su verdad"*: la fidelidad a su promesa es una fuerte defensa. Dios está dispuesto a proteger a su pueblo como una gallina a sus polluelos, pero tiene poder para hacerlo como un guerrero bien armado».

[77] En hebreo: וְסֹחֵרָה *wasōḥêrāh* de סֹחֵרָה *socherah,* una palabra que aparece exclusivamente en este salmo. La versión inglesa KJV la traduce por *"buckler",* "broquel, rodela". La Reina-Valera traduce *"adarga",* un escudo de cuero, ovalado o de forma de corazón. Pero la traducción exacta de la palabra hebrea es desconocida, el sentido es de algo que envuelve o rodea, por lo que la mayoría de

La verdad más eficaz a la hora de interceptar y sofocar dardos encendidos que el mejor escudo, y más efectiva que la mejor cota de malla a la hora de parar golpes de espada. Acudamos a la batalla equipados con esa armadura y estaremos a salvo aun en lo más encarnizado del combate. Siempre ha sido así y seguirá siéndolo hasta el día glorioso en que alcancemos finalmente pisar la tierra de paz perfecta. Y aun allí, rodeados de «querubines[78] *luciendo sus cascos y serafines[79] empuñando sus espadas*»[80] cabe decir que no vestiremos otro ornamento, pues la verdad de Dios seguirá siendo nuestra adarga.

C. H. Spurgeon

Con sus plumas te cubrirá. Las alas de Cristo sirven a la vez para sanar y para esconder, para curarnos y para protegernos. El diablo y sus huestes devorarían a los siervos de Dios muy pronto y con suma facilidad de

---

versiones actuales se inclinan por la idea de "baluarte", o "muralla". Kraus indica que algunos exégetas como A. A. Macintosh lo interpretan como *"protección sobrenatural"*.

[78] Génesis 3:24.

[79] Isaías 6:2-6.

[80] Spurgeon cita aquí literalmente parte de uno de los llamados *"Minor Poems"*, "Poemas Menores", del famoso poeta y escritor inglés John Milton [1608-1674], autor de *"Paradise Lost"*, "El Paraíso Perdido". Concretamente el conocido como *"On the Morning of Christ Nativity"*, compuesto en 1629, en *"The Hymn"*, XI, 110, donde dice : *"At last surrounds their sight / A globe of circular light, / That with long beams the shamefaced Night arrayed; / The helmed cherubim, / And sworded seraphim, / Are seen in glittering ranks with wings displayed, / Harping in loud and solemn quire, / With unexpressive notes, to Heaven's new-born Heir"*.

no ser porque el Señor coloca alrededor de los suyos una guardia invencible y los cubre con las plumas doradas de su protección.[81]

THOMAS WATSON [1620-1686]
"The Godly Man's Picture", 1666

Con sus plumas te cubrirá. Esta promesa se entiende para esta vida presente, ya que la promesa equivalente para la vida venidera ¿quién es capaz de explicarla? Si la esperanza del justo es felicidad, y una felicidad tal que ninguna cosa en este mundo es digna de ser comparada a ella, ¿en qué consistirá o qué será en sí misma? Fuera de tus ojos, oh Señor, no hay quien haya visto lo que tú has preparado para aquellos que te aman. Pues ya ahora bajo tus alas recibimos cuatro bendiciones: Bajo tus alas permanecemos *ocultos;* bajo tus alas estamos *protegidos* de ataques de halcones y milanos, que son las potestades del aire;[82] bajo tus alas nos *refresca y revitaliza* una sombra

---

[81] Dice al respecto AGUSTÍN DE HIPONA [353-429]: «Si eres capaz de admitir tu fragilidad; y cual el débil polluelo que corre a refugiarse bajo las alas de su madre, tú también corres bajo las alas del Altísimo, te pondrá en su pecho, te cubrirá con sus alas y te protegerá para que no caigas presa de ningún halcón. Porque las potestades en los aires (Efesios 2:2; 3:10; 6:12), el diablo y sus ángeles, son halcones que buscan constantemente nuestra perdición. Por ello debemos refugiarnos bajo las alas maternales de la divina Sabiduría, que para poder protegernos se hizo igual a nosotros, ya que el Verbo se hizo carne (Juan 1:14), siendo en forma de Dios, no consideró el ser igual a Dios como cosa a que aferrarse, sino que se despojó a sí mismo, tomando forma de siervo, hecho semejante a los hombres; y hallado en su porte exterior como cualquier hombre se humilló a sí mismo (Filipenses 2:6-8) para poder juntar a los suyos, como la gallina junta sus polluelos debajo de sus alas (Mateo 23:37)».

[82] Efesios 2:2; 6:12.

saludable librándonos del calor abrumador del sol; y bajo tus alas somos *alimentados* y *acariciados*.

BERNARDO DE CLARAVAL [1090-1153]

Con sus plumas te cubrirá, y debajo de sus alas estarás seguro; escudo y adarga es su verdad.
　　Sus plumas formarán una mullida cama
　　en la que descansarás plácidamente.
　　Desplegará sobre tu cabeza sus alas,
　　alas de la verdad, que cual escudo
　　alejarán todos los temores de la noche
　　y todos los dardos disparados en el día.[83]

THOMAS CARYL

Escudo y adarga es su verdad. La verdad, es decir, la Palabra de Dios, es el escudo y defensa que debemos oponer a todos los peligros que nos acechan. Mientras la mantengamos en alto desviando con ella dardos y espadas, jamás seremos derrotados.

DAVID DICKSON [1583-1663]
"A Brief Explication of the Psalms from L to C", 1655

Vers. 5. ***No temerás el terror nocturno, ni saeta que vuele de día.*** *[No temerás el terror nocturno, ni saeta que vuele de día. RVR] [No temerás el terror de la noche, ni*

---

[83] En el original inglés: *"His plumes shall make a downie bed, / Where thou shalt rest; He shall display / His wings of truth over thy head, / Which, like a shield, shall drive away / The fears of night, the darts of day".*

la flecha que vuela de día. NVI] *[No temerás el terror de la noche, ni la flecha que vuela de día.* LBLA]

No temerás el terror nocturno. Somos criaturas tan frágiles que vivimos en peligro constante de día y de noche; y tan pecadoras que en cualquier momento podemos caer víctimas del miedo. En consecuencia, esta promesa que nos garantiza protección no solo del peligro en sí mismo, sino también del miedo que podamos sentir por su causa, nos aporta la mejor de las bendiciones del cielo. La noche es la hora predilecta de todos los horrores, un período en el que los temores andan sueltos como animales de presa o espectros surgidos de entre las tumbas; la hora en la que nuestros miedos convierten lo que debería ser nuestro dulce período de descanso en un tiempo de horror y tragedia, en el que aun sabiendo que los ángeles abarrotan nuestros dormitorios, soñamos con demonios y quimeras aterradoras del infierno. ¡Bendita sea, pues, esa comunión con Dios que nos hace inmunes a los terrores nocturnos y espantos surgidos de las tinieblas! Vernos libres de nuestros temores es ciertamente una bendición indescriptible, ya que por cada sufrimiento que padecemos consecuencia de un daño real y concreto, somos atormentados por mil aflicciones imaginarias, temores ficticios en nuestra mente. La sombra iluminadora del Omnipotente elimina toda penumbra de sombras de la noche; y una vez a cubierto bajo las alas divinas, poco nos importa cuántos terrores alados puedan pulular cruzando los aires de un lado a otro de la tierra.

Ni saeta que vuele de día. Sabemos que enemigos astutos y traicioneros permanecen emboscados y ocultos en todas partes, y que apuntan con sus dardos mortíferos directo a nuestro corazón. Pero no les tememos ni contamos con razón alguna para hacerlo. No existe flecha capaz de destruir a los justos, porque el Señor ha dicho que: *"Ninguna arma forjada contra ellos prosperará"*[84]. Todos aquellos han hecho del Señor su refugio y en consecuencia han renunciado a utilizar en momentos de peligro extremo armas físicas y materiales en su defensa, han sido siempre protegidos y preservados. Y los anales de la historia de los Cuáqueros lo testifican y son buena prueba de ello. Aunque la idea fundamental del salmista probablemente sea la de protección espiritual: los que caminan por fe serán protegidos de ataques cobardes y maliciosos, de astutas herejías, y ante tentaciones repentinas serán librados del mal. El día plantea tantos peligros como la noche; por los aires vuelan silenciosamente flechas envenenadas más mortíferas que las de los aborígenes,[85] y caeremos irremisiblemente víctimas de su impacto a menos que busquemos adarga en nuestro Dios. ¡Creyente, habita bajo la sombra del Omnipotente, y ten la certeza de que ni uno solo del los arqueros del enemigo logrará destruirte! Podrán dispararte e incluso herirte gravemente, pero tu baluarte se mantendrá intacto, permanecerás protegido en su fortaleza. Y cuando la aljaba de Satanás esté vacía, a pesar de toda su astucia y crueldad, tú seguirás ileso; sí, sus dardos quebrados te servirán de trofeos para probar la verdad y el poder del Señor tu Dios.

C. H. Spurgeon

---

[84] Isaías 54:17.
[85] El texto original dice *"indian"*, suponemos que en alusión a los indígenas americanos, tribus nativas de los Estados Unidos. Hemos considerado más apropiado traducirlo por "aborígenes".

No temerás el terror nocturno. El remedio definitivo contra todos los temores que nos atormentan es la fe en Dios. Muchas son las cosas, y algunas terribles, que le pueden suceder al ser humano aun en aquellos momentos en los que piensa estar más seguro, en especial durante la oscuridad de la noche; pero aquí el Señor nos ordena que no sintamos ante ello temor alguno: *"No temerás el terror nocturno"*. Muchos son también los accidentes que pueden ocurrir al ser humano en pleno día, muy a pesar de estar vigilante y constantemente en guardia; pero el Señor desea que el creyente permanezca confiado en que no recibirá daño alguno: *"Ni saeta que vuele de día"*. Muchas son las calamidades que caen repentinamente sobre los seres humanos sin que las puedan predecir ni sepan cómo les han sobrevenido; pero el Señor garantiza al creyente que tales peligros no le afectarán: *"Ni pestilencia que ande en oscuridad"*. También están sujetos los seres humanos a otro tipo de calamidades que sí pueden predecir y caen sobre ellos abiertamente, tales como las guerras y ataques de enemigos u opresores; el Señor desea que ante tales situaciones, el creyente permanezca confiado en que no recibirá daño alguno: *"Ni mortandad que en medio del día destruya"*.

DAVID DICKSON [1583-1663]
"A Brief Explication of the Psalms from L to C", 1655

No temerás el terror nocturno. Los justos no solo están a salvo de los peligros, sino que están a salvo también del temor que estos infunden; el miedo no llega a rozarles siquiera. El salmista no dice aquí: *"no caerás prisionero"*, sino más bien: *"no sentirás temor a ello"*. Ciertamente, esta suerte de confianza y tranquilidad de mente ante situaciones tan destructivas como las que el salmo describe no cabe atribuirla a poderes naturales, ya que el miedo a todo aquello que sea dañino y mortal, en especial de algo que golpea de forma visible y destruye repentinamente, es algo natural en todos los seres humanos, ya que ha sido implantado en ellos por el Dios autor y creador de la naturaleza. El salmista junta en su poema ambas cosas de manera sublime, afirmando primero que: *No sentirás temor,* y añadiendo a continuación *del terror nocturno.* Con ello, reconoce y confirma que esta enfermedad, la del miedo, es la más terrible que padece la naturaleza humana; y afirma a la vez que él se sentirá seguro y libre de ella, pero únicamente debido a su confianza en la protección divina, que le garantiza que no le afectará ninguno de esos males que por ley natural hacen temblar a la naturaleza humana solo con pensar en ellos. En consecuencia y a mi juicio, las personas que consideran que algo tan natural, común y generalizado como es el miedo y el terror, no es propio de hombres y por tanto no hay razón para considerarlo una calamidad para la raza humana, ni pertenecen a nuestra especie *(humani)* ni son personas piadosas. Está claro que ni estudian ni conocen la condición de la naturaleza humana, ni honran tampoco la bendición de la protección divina; dos cosas que el salmista hace aquí en plenitud.

WOLFGANG MUSCULUS [1497-1563]
"In Sacrosanctum Davidis Psalterium Commentarii", 1573

No temerás el terror nocturno, ni saeta que vuele de día.[86] Esto no significa que seremos literalmente librados

---

[86] AGUSTÍN DE HIPONA [353-429] hace sobre esto el siguiente comentario: «¿Por qué noche y día? Porque la noche tipifica la ignorancia y el día el conocimiento. El *"terror nocturno"* son las tentaciones que nos vienen por nuestra ignorancia; la *"saeta que vuela de día"* son los pecados que nos acosan y de los que tenemos pleno conocimiento. Algunos pecan por ignorancia, otros pecan a sabiendas, con pleno conocimiento. Los que pecan por ignorancia

del peligro y la aflicción siempre y en todos los casos, sino que (así es nuestra confianza en Dios) estos revertirán siempre para nuestro bien.[87] Tal es el sentido también de las palabras de Isaías cuando escribe; *"Cuando pases por las aguas, yo estaré contigo; y si por los ríos, no te anegarán. Cuando pases por el fuego, no te quemarás, ni la llama arderá en ti"*[88]. Y de la misma forma hay que entender pasajes como el de: *"Aunque la higuera no florezca, ni en las vides haya frutos, aunque falte el producto del olivo, y los labrados no den mantenimiento (…) con todo, yo me alegraré en Jehová, y me gozaré en el Dios de mi salvación"*[89]; o el que encontramos en Job: *"En seis tribulaciones te librará, Y aun en la séptima no te tocará el mal"*[90]. Por tanto, y siempre que el texto bíblico se interprete correctamente, no hay fundamento para que ningún creyente concluya que va a ser librado de algún peligro en particular; y mucho menos aún para correr peligros deliberadamente partiendo de semejante aserción. Si se permite a los escritores terrenales el uso de eufemismos, hipérboles y otras figuras retóricas que son ornamento y belleza de cualquier idioma, y en el lenguaje humano tales figuras son siempre correctamente entendidas, ¿por qué no habrían de usarlas los escritores sagrados, cuyo mensaje iba dirigido a fin de cuentas también a seres humanos, y cuyo propósito al usar tales figuras y expresiones no era sino el de sacudirles y estimularles espiritualmente? Los autores clásicos de la antigüedad dijeron mucho sobre la protección y seguridad

---

son derribados por el terror nocturno; y los que pecan conscientemente son heridos por la saeta que vuela de día».

[87] Romanos 8:28.
[88] Isaías 43:2.
[89] Habacuc 3:17-18.
[90] Job 5:19,20.

de la que disfrutan las personas justas y rectas, y para probarlo me basta con citar a Horacio y su famosa Oda,[91] en
la que exclama *"Integer vitae scelerisque purus"*, "íntegro
en la vida y puro de maldad". Mucho más peligrosa y errónea es la actitud y las inferencias de algunos expositores de
la Biblia con respecto a estas palabras del salmista, pues
concluyen de ellas que nadie entre los santos puede resultar
afectado por plagas o pestilencias; una aseveración no muy
distinta a la antigua aserción de Lactancio[92] cuando afirma-
ba que: *"Non potest ergo fieri, quin hominem iustum inter
discrimina tempestatum atque bellorum coelestis tutela
custodiat"*[93], es decir, que "ningún hombre justo perecerá
en la guerra o a causa de una tempestad porque el cielo le
custodia y protege". De la lectura de estos textos del Salmo
91 muchos intérpretes deducen que en épocas de calamidades públicas los creyentes son preservados; lo cual, en un
sentido, no deja de ser cierto; pero deberían añadir además,
que en tales circunstancias, no todos los creyentes resultan
librados, a fin de evitar juicios temerarios.

*The Westminster Annotations and Commentary
on the Whole Bible*[94], 1657

---

[91] Se refiere a la "Oda" I.22 de Horacio, que comienza diciendo:
*"Integer uitae scelerisque purus non eget Mauris iaculis neque
arcu nec uenenatis grauida sagittis, Fusce, partera..."*. Esto es:
"El hombre de vida recta y libre de pecado se siente siempre seguro y a salvo no importa donde vaya, sin necesidad de lanzas ni ar-
cos ni una aljaba repleta de flechas envenenadas, amigo Fuscus..."
[92] Se refiere a LUCIUS CAELIUS FIRMIANUS LACTANTIUS [245-325],
más conocido como LACTANCIO, escritor latino y apologista cristiano nacido en el norte de África, discípulo de Arnobio.
[93] LACTANTIUS [245-325], *Divinae Intitutiones,* Liber v. *De Iustitia.*
[94] *The Westminster Annotations and Commentary on the Whole
Bible,* comentario a los libros del Antiguo y Nuevo Testamento
realizado por los teólogos de Westminster y publicado en seis

Ni la flecha que vuela de día. En esta pasaje el término *"flecha"* o *"saeta"*[95] se refiere con toda probabilidad a la pestilencia. Los árabes describen la pestilencia comparándola a esta letal arma voladora. En *"Busbequiu's Travels"*[96] encontramos el siguiente párrafo: «Mi deseo era trasladar mi residencia a otro lugar donde hubiera un ambiente menos contagioso y pudiera respirar un aire más limpio, pero recibí de Solimán, el emperador, un mensaje en el que me expresaba su perplejidad y me preguntaba qué era lo que pretendía decir con eso de "trasladar mi residencia a otro lugar". ¿Acaso -se preguntaba el emperador– la peste no es la flecha divina que siempre alcanza su objetivo vaya uno donde vaya? Y si era la voluntad de Dios que me alcanzara aquí donde estaba, ¿cómo podía pensar que cambiando mi lugar de residencia lograría evitarla? ¿Acaso no está la plaga dentro de mi propio palacio, –decía– y a pesar de ello no me ha pasado ni remotamente por la cabeza la posibilidad de cambiar mi residencia?».

---

volúmenes en 1657, es una de las obras cumbre de la exposición bíblica realizada por los exégetas puritanos. Spurgeon lo consideraba una obra importante que "contiene comentarios y observaciones muy valiosas".

[95] En hebreo מֵחֵץ *mêḥêṣ* de חֵץ *chets*.

[96] Se refiere al escritor flamenco OGIER GHISELIN DE BUSBECQ o AUGERIUS GISLENIUS BUSBEQUIUS [1522-1592], embajador nombrado por el emperador FERNANDO I de Habsburgo [1554-1562] en el Imperio Otomano y especialmente conocido por su obra *"Turcicae epistolae quattor"* en inglés *"The Turkish Letters"* o *"Busbequius Travel's"* escrita en latín y publicada en 1589, en la que cuenta sus experiencias y viajes por Turquía. Traducida al inglés en 1694, ha sido considerada una de las principales fuentes de referencia acerca de los usos y costumbres del Imperio Otomano y de la misma se hicieron en el siglo XIX numerosas ediciones en diversos idiomas, y siguen existiendo todavía muchas ediciones a la venta.

Por su parte, Smith[97] en su obra *"Remarks on the Turks"* escribe lo siguiente: «Puesto que la peste –razonan ellos– es un dardo lanzado contra nosotros por el Dios Todopoderoso, ¿cabe imaginar que logremos escapar de sus efectos? ¿Hay posibilidad alguna de esconderse de su mirada o trasladarse más allá del alcance de su poder?». Y Herbert,[98] hablando del Curroon[99], dice: «Aquel año, su imperio fue herido por las flechas divinas de la peste, el hambre y otras catástrofes e infortunios hasta el punto de que en los mil años anteriores no se recordaba algo tan terrible».[100]

SAMUEL BURDER [1773-1836]
"Scripture Expositor: "A New Commentary, Critical and Practical, on the Holy Bible", 1809

Vers. 5,6. Joseph Scalinger[101] explica, en *Epis. 9,* estos dos versículos de la siguiente manera: «No temerás:

---

[97] Se refiere a THOMAS SMITH [1638-1710], teólogo y escritor inglés, *"Fellow"* o miembro de *St. Mary Magdalen College* de Oxford. Viajó a Turquía como capellán de Sir Daniel Harvey, embajador inglés en Constantinopla y allí escribió su obra *"Remarks Upon the Manners, Religion and Government of the Turks. Together with A Survey of the Seven Churches of Asia, As they now bye in their Ruines: and Brief Description of Constantinople",* publicada en Londres en 1678.

[98] Se refiere a SIR THOMAS HERBERT [1606-1682] reconocido escritor, historiador y viajero inglés en la obra *"Some yeares travels into divers parts of Asia and Afrique: Describing especialy the two famous Empires os Persia and Industan",* publicada en Londres en 1638.

[99] Equivale a *"Sultán".*

[100] Ver al respecto Ezequiel 5:16.

[101] Se refiere a JOSEPH JUSTUS SCALIGER [1540-1609], erudito teólogo hugonote francés, hebraísta y gran viajero. Se enfrentó a los

(מִפַּחַד *mippaḥad*) *"al terror de la noche";*[102] (מֵחֵץ *mêḥêṣ*) *"la flecha que vuela de día";* (מִדֶּבֶר *middeber*) *"la peste que acecha al caer la tarde";* (מִקֶּטֶב *miqqeṭeb*) *"ni mortandad que destruya al mediodía".* En estos cuatro conceptos agrupa todos los males y peligros a los que es vulnerable el ser humano.[103] Y como los hebreos dividían las veinticuatro horas del día en cuatro partes, básicamente, tarde, noche, mañana y mediodía, entiende el salmista que las horas de peligro se dividían también del mismo modo. Lo que está diciendo es *"que el hombre que habita al abrigo del Altísimo, que ha hecho de Dios su refugio"* está seguro y a salvo en todo momento, día y noche, a todas horas y de cualquier peligro.

VICTORINUS BYTHNER [1605-1670]
"Lyra prophetica Davidis regis: sive analysis criticopractica psalmorum", 1664.

Vers. 6. *Ni pestilencia que ande en oscuridad, ni mortandad que en medio del día destruya.* [*Ni pestilencia que*

---

jesuitas y se dedicó especialmente al estudio de las antiguas culturas europeas y orientales y su inclusión en la historia. Entre sus numerosas obras destaca *"De emendation",* reconstrucción de la obra perdida de Eusebio de Cesarea, *"Crónica".*

[102] Algunas versiones traducen *"espanto".* No parece que se refiera al concepto de miedo o terror en general, sino más bien a algo concreto que identifica como *"espanto".*

[103] SCHÖKEL lo entiende en este mismo sentido, refiriéndose a la cuaterna de males que amenazan al hombre: la *"flecha"* que vuela sin saber de dónde ni adónde; el *"espanto"* no como sentimiento sino como algo concreto, objeto y causa que actúa de noche; la *"peste",* que se aprovecha de la oscuridad; y la *"epidemia",* que está al acecho cuando más brilla el sol.

ande en oscuridad, ni mortandad que en medio del día destruya. RVR] [Ni la peste que acecha en las sombras ni la plaga que destruye a mediodía. NVI] [Ni la pestilencia que anda en tinieblas, ni la destrucción que hace estragos en medio del día. LBLA]

Ni pestilencia que ande en oscuridad. Envuelta en su mortaja y siempre tan misteriosa como su origen y su cura, la peste avanza sin ser vista matando con armas ocultas, cual enemigo que apuñala amparándose en la noche;[104] y sin embargo, aquellos que habitan en el Señor, no le tienen miedo. Nada hay más inquietante que el complot del asesino, porque se mueve furtivamente y puede caer sobre su víctima en cualquier momento asestándole un golpe bajo; así son también las pestilencias en sus momentos de auge, después de haber pisado la ciudad infectada, aunque haya sido tan solo por una hora, nadie puede prometerse a sí mismo quedar inmune; penetran en las casas sin que sus habitantes sepan cómo y su solo aliento es mortal. Con todo, aquellas almas selectas que habitan en Dios, vivirán por encima de toda preocupación aun en los lugares más contaminados, *no tendrán temor alguno* a la *"pestilencia que ande en la oscuridad".*

Ni mortandad que en medio del día destruya.[105] Puede que una hambruna cause estragos en un país o una guerra

---

[104] Shöekel la identifica con *"el Primogénito de la Muerte"* mencionado en Job 18:3.

[105] En hebreo מִקֶּטֶב יָשׁוּד צָהֳרָיִם *miqqeṭeb yāšūd ṣāhorāyim.* מִקֶּטֶב *miqqeṭeb* de קֶטֶב *qeteb,* aparece solo dos veces más en el Antiguo Testamento: Deuteronómio 32:24; Isaías 28:2. La Versión griega de los LXX o *Septuaginta* lee: καὶ δαιμόνιον μεσημβρινός que la Vulgata traduce como: *"et daemonio meridiano"*, "demonio de

sangrienta devore a sus habitantes; que el terremoto derribe sus hogares y la tempestad golpee sus costas, pero aun en medio de todo ello, el hombre que habiendo contemplado el propiciatorio se ha refugiado bajo las alas divinas, permanecerá seguro y en perfecta paz. Los incontables días de horror y noches de terror son cosa de los demás mortales, porque tanto sus días como sus noches transcurren al lado de Dios, y en consecuencia, en absoluto sosiego y santa quietud. Su paz y seguridad no es algo ocasional, no va y viene según las circunstancias, no se levanta por la mañana y se pone con el sol, no depende de lo salubre del aire o de las defensas militares del país. Sobre la persona que es conforme al corazón de Dios, la peste no tiene poder destructivo ni la calamidad influencia nefasta alguna: porque la peste se mueve en las tinieblas, pero él habita en la luz;[106] la destrucción devasta al mediodía, pero sobre él luce otro sol cuyos rayos traen restauración. No olvidemos que la voz que afirma *"no temerás"* es la voz del mismo Dios, y en tal afirmación empeña su palabra como garantía de la seguridad que disfrutan todos aquellos que moran bajo su sombra. Y no solo seguridad, sino también serenidad; pues no solo no serán heridos, sino que no sentirán temor alguno de los males que les rodean, puesto que el Señor les protege.

> *¡Él despliega la penumbra de sus plumas*
> *y con sus alas cubre tu cabeza;*

---

mediodía". La versión Caldea o *Peshita* traduce el versículo seis de este modo peculiar: *"No temerás a los demonios que andan de noche, ni a la saeta del Ángel de la muerte que tira de día; ni a la caterva de demonios salteadores a mediodía"*. Teodoreto de Ciro [393-458] ve en este *"demonio de mediodía"* de la *Vulgata:* «el demonio de la lujuria que después de los banquetes despierta y empuja los instintos carnales y los deseos lascivos de los hombres».

[106] Isaías 9:2; 1ª Timoteo 6:16.

blande su verdad a tu alrededor,
fuerte como una adarga u ornamentado escudo!
Ningún desaliento podrá causarte mella,
ni temor en la noche, ni flecha durante el día.[107]

C. H. Spurgeon

Ni pestilencia que ande en oscuridad, ni mortandad que en medio del día destruya. La descripción convincente y acertada. Las enfermedades propias de los climas cálidos, y en especial en aquellos lugares donde la vegetación es exuberante y abundan los pantanos y humedales fangosos, como en las tierras salvajes descritas, vienen motivadas por una de estas dos causas: los vapores que se acumulan durante la *noche* y la virulencia de los rayos del sol al *mediodía*. La llamada "Beriberi de Ceilán",[108] el cólera espasmódico,[109] las "fiebres de la jungla" en la India,[110] así como la mayor parte de las fiebres que se dan en climas

---

[107] Spurgeon cita aquí de *"The Book of Psalms in an English Metrical Version, Founded on the basis of the Authorised Bible Translation and compared with the Original Hebrew with notes critical and ilustrative"* del obispo anglicano Richard Mant, edición impresa en Oxford en 1824, por W. Baxter. (traducción libre).

[108] Se refiere a lo que se conoce como "Enfermedad de Beriberi", una enfermedad grave que causó estragos a finales del siglo XIX y comienzos del siglo XX, actualmente confinada a las áreas más pobres de Asia Sur-Oriental. El nombre de *"Beriberi"* o *"beri-beri"* significa "debilidad" en un dialecto hablado en la isla de Ceilán.

[109] Se refiere al "cólera" y concretamente al "cólera asiático espasmódico", enfermedad infecciosa diarreica provocada por la bacteria *Vibrio cholerae,* que produce una infección intestinal. Desde tiempos inmemoriales ha producido considerables estragos en el mundo.

[110] Se refiere a lo que se conoce actualmente como "malaria", término que proviene del italiano medieval *"mala aria",* "mal aire", y que en español se conoce también como "paludismo". Se

intertropicales, especialmente la que se conoce como "fiebre amarilla",[111] tienen su origen en esta *"pestilencia que anda en oscuridad"* o *"surge de la oscuridad"*. Mientras que por otra parte, las insolaciones o golpes de sol, apoplejías, inflamaciones del cerebro y dolencias hepáticas de todo tipo, proceden de la segunda, la *"mortandad que en medio del día destruye"*. Y es en alusión a esta doble fuente de desgracia que el salmista exclama en otro lugar, poéticamente y de la manera más hermosa: *"El sol no te herirá de día, ni la luna de noche"*[112]. Durante su peregrinaje por el desierto, los israelitas fueron protegidos de ambas cosas: por la columna de nube que les protegía de los rayos del sol durante el día y por la columna de fuego en la noche, que disipaba los vapores acumulados y mantenía la atmósfera limpia, seca y saludable.

JOHN MASON GOOD [1764-1827]
"Historical Outline of the Book of Psalms", 1842

Ni pestilencia que ande en oscuridad, ni mortandad que en medio del día destruya. Las plagas pútridas de fiebres atacan a menudo durante la noche, cuando el paciente está dormido; las epidemias y enfermedades solsticiales atacan a lo largo del día, en lo más intenso del calor, antes de que caiga la tarde. El salmista habla aquí de quedar a salvo de ambas. Y semejante bendición deriva de la

---

transmite por medio de los mosquitos que se crían en las charcas y humedales.

[111] La "fiebre amarilla", o "vómito negro" es una enfermedad viral aguda e infecciosa, también propagada por los mosquitos que ha sido fuente de epidemias devastadoras en el pasado.

[112] Salmo 121:6, LBLA.

posición privilegiada que ocupa aquel que puede afirmar que *"habita al abrigo del Altísimo"*.

ANDREW ALEXANDER BONAR [1810-1892]
"Christ and His Church in the Book of Psalms", 1859

Ni pestilencia que ande en oscuridad. No se trata tanto de que la pestilencia ande en oscuridad natural, es decir, en la oscuridad de la noche, como en una oscuridad simbólica y figurativa que hace que ningún hombre pueda saber con certeza, aun en medio de la luz más clara, por dónde va y hacia dónde se dirige, si hacia la casa del pobre o a la del rico, si hacia la morada del plebeyo o a la del príncipe; hasta que finalmente deja en él su marca irreversible asestándole su golpe mortal.

JOSEPH CARYL [1602-1673]

Vers. 7. *Caerán a tu lado mil, y diez mil a tu diestra; mas a ti no llegará. [Caerán a tu lado mil, y diez mil a tu diestra; mas a ti no llegará. RVR] [Podrán caer mil a tu izquierda, y diez mil a tu derecha, pero a ti no te afectará. NVI] [Aunque caigan mil a tu lado y diez mil a tu diestra, a ti no se acercará. LBLA]*

Caerán a tu lado mil, y diez mil a tu diestra. Así de terrible puede ser la plaga que asole a los hombres, que las cifras de mortandad se disparen y sigan creciendo día a día hasta multiplicarse por diez. Y sin embargo, aquellos de quienes habla este salmo, los que habitan al abrigo del Altísimo, sobrevivirán a la guadaña de la muerte.

Mas a ti no llegará. Tan cerca de ti la tendrás que estará por todos lados, a derecha e izquierda, y sin embargo, no lo bastante cerca como para tocarte y causarte daño. Te cercará como el fuego, y sin embargo, ni tan siquiera su olor impregnará tus ropas.[113] ¡Y cuánto más cierto todavía es esto con respecto a la peste moral, de la herejía y la apostasía! Hay naciones enteras infectadas, pero el hombre que permanece en comunión con Dios no se contagia, mantiene la verdad en sus manos aun cuando la falsedad esté en boga. Muchos profesores y teólogos han caído afectados por esa plaga, la Iglesia se ve diezmada, la práctica de la piedad decae. Pero en mitad de todo ello, en ese mismo lugar y momento, el creyente verdadero que permanece en comunión con Dios, renueva sus fuerzas, se rejuvenece y su alma no conoce enfermedad.[114] Y hasta cierto punto, es también cierto con respecto a las enfermedades y los dolores físicos; pues el Señor hace diferencia todavía entre Israel y Egipto en el día de sus plagas.[115] El ejército de Senaquerib fue aniquilado, pero la ciudad de Jerusalén no se vio afectada por la pestilencia y quedó intacta.[116]

C. H. Spurgeon

Diez mil. En mi opinión la palabra correcta a utilizar sería *"millares"*, es decir muchísimos, que daría a entender

---

[113] Daniel 3:27.

[114] Salmo 103:5; Isaías 40:31.

[115] Éxodo 8:22; 9:4.

[116] 2ª Reyes 19:29-35. Al respecto el "Comentario Bíblico Moody" se expresa en los siguientes términos: «Heródoto registra una tradición egipcia que puede ayudar a entender los medios físicos que Dios utilizará para destruir el ejercito de Senaquerib: 'Los ratones comieron los carcajes'. Presumiblemente, ratones portadores de la peste bubónica. La plaga, incubándose en los soldados, llegó a la etapa de fiebre mortífera durante la noche en la que la ciudad había recibido la promesa de liberación, y los mató en su sueño».

mucho mejor el sentido de la palabra hebrea,[117] que es distinto a lo que traducimos y entendemos por *"diez mil"*, y que se utiliza para identificar cualquier cantidad o número importante.[118]

ALBERT BARNES [1798-1870]
"Notes, critical, explanatory, and practical, on the book of Psalms", 1868

A ti no se acercará. ¿No se me acercará? Estando como dice, muriendo y cayendo a ambos lados, a su derecha y a su izquierda, ¿no se acercará a él? Pues sí, pasará cerca pero no tan cerca como para poder causarle daño. El poder de Dios puede llevarnos cerca del peligro y, con todo, guardarnos del mal. Así como el bien puede hallarse literalmente muy cerca de nosotros, y no obstante, virtualmente muy lejos; lo mismo sucede con el mal. Según leemos en el Evangelio, una multitud entera se apretujaba alrededor de Cristo,[119] pero solo una mujer le tocó de forma que valiera para recibir virtud de él; pues igual manera Cristo puede guardarnos en medio de una multitud de peligros de modo que ninguno de ellos nos dañe.

JOSEPH CARYL [1602-1673]

A ti no se acercará. No debemos interpretar como que todas las personas justas y buenas pueden confiar ciegamente en escapar de las epidemias, sino más bien como una prueba de que algunos que han alcanzado una fe de

---

[117] En hebreo וּרְבָבָה *ūrəḇāḇāh* de רְבָבָה *rebabah*.
[118] Deuteronomio 32:30; 1ª Samuel 18:7; Salmo 3:6.
[119] Marcos 5:24-34.

nivel superior, sí lo han conseguido. He recopilado de distintas fuentes las siguientes evidencias:

Nota de C. H. Spurgeon a los comentarios que siguen.

Antes de su partida de Isna[120] la ciudad se vio afligida en gran manera por la peste; y él,[121] entendiendo que muchos de los habitantes más ricos y poderosos de la ciudad intentaban partir y olvidarse de la ciudad sin sentir ninguna responsabilidad por aquellos que habían sido afectados por la epidemia, y que las casas de los pobres desgraciados eran tapiadas sin piedad ni consideración alguna por orden de los magistrados, les amonestó abiertamente a que, o bien continuaran en la ciudad para prestar auxilio a los enfermos, o que antes de abandonar la ciudad pusieran generosamente sus mansiones a disposición de los enfermos. Personalmente se dedicó a visitar a los infectados, llevándoles consuelo espiritual, orando por ellos, y permaneciendo junto a ellos día y noche. Y sin embargo, por obra de la providencia divina no cayó enfermo, fue preservado por la mano todopoderosa de Dios.

THOMAS FULLER [1608-1661]
"Life of Paulus Fagius"
parte de su obra *"Abel Redivivus or The Dead Yet Speaking:
The Lives and Deaths of Modern Devine"*, 1651

---

[120] O Isny. Se refiere a ISNY IM ALLGÄU, ciudad situada al sureste de Baden-Württemberg en Alemania. En 1529 eligió unirse a la Reforma Protestante y su famosa *Nikolaikirche* o *Iglesia de San Nicolás* se convirtió en iglesia luterana.

[121] Se refiere a PAULUS FAGIUS [1504-1549]. Erudito profesor de hebreo bíblico en las universidades de Isny im Allgäu, Estrasburgo y Hailderberg. Después de la derrota de la *Liga de Smacalda* en 1547 ante las tropas de Carlos V, temiendo por su vida, escapó junto a su amigo MARTÍN BUCERO a Inglaterra, donde fue nombrado profesor de hebreo en la Universidad de Cambridge.

En 1576, el cardenal Carlos Borromeo,[122] arzobispo de Milán, uno los más dignos y meritorios sucesores de San Ambrosio, cuando estando en Lodi[123] fue informado de que la peste había llegado a su ciudad, partió de inmediato hacia ella. Su cabildo[124] le advirtió que lo más seguro para él sería quedarse a salvo en alguna otra zona de la diócesis hasta que la epidemia remitiera un poco, pero él replicó que el deber de un obispo como pastor es dar su vida por las sus ovejas, y que no podía abandonarlas en un momento de peligro como este. Los miembros del cabildo replicaron que, efectivamente, estar a su lado sería el camino más altruista y más sublime, pero también el más arriesgado, a lo que él les dijo: "¿Y acaso no es la misión de un obispo elegir siempre el camino 'más sublime', aunque no sea el más seguro?" De modo que entró en la ciudad infestada por la enfermedad mortal, guiando a las gentes al arrepentimiento, permaneciendo a su lado en sus sufrimientos, visitando hospitales, y animando a

---

[122] Se refiere a CARLOS BORROMEO [1538-1584]. Cardenal, sobrino del Papa Pío IV, arzobispo de Milán y reconocido reformador del catolicismo en la época de la contrarreforma. Cuando en de agosto de 1576 estalló la espantosa peste en la ciudad el arzobispo, consciente de su deber regresó a la ciudad y vendió los objetos preciosos que le quedaban de su patrimonio, llegando incluso a ceder las colgaduras de su palacio para hacer vestidos. Dormía dos horas escasas para poder acudir personalmente a todas partes, visitaba todos los barrios alentando el ánimo de los que desfallecían, administraba él mismo los últimos sacramentos despreciando el peligro de contagio. La peste siguió en aumento durante el otoño y todo el año siguiente de 1577, hasta el 20 de enero de 1578 en que se declaró su extinción. Por su comportamiento excepcional durante la peste, se la denominó "la peste de San Carlos".
[123] Provincia de la región de Lombardía, en Italia.
[124] Consejo de clérigos.

otros clérigos con su ejemplo a llevar consuelo espiritual a tantos que morían día tras día. Durante todo el tiempo que duró la peste, que fueron cuatro meses, su labor fue incansable y temeraria. Pero lo más notable es que de entre todos los que habitaban la residencia episcopal, solamente dos murieron, dándose la circunstancia de que fueron precisamente dos que no habían mantenido contacto alguno con los enfermos.

CHARLOTTE MARY YONGE [1823-1901]
"A Book of Golden Deeds of all Times and all Lands", 1864

Aunque la narración de Defoe es parte de una obra de ficción, por regla general los acontecimientos están basados en hechos reales, por lo que transcribimos aquí lo siguiente:[125]

«Tuve la oportunidad en numerosas ocasiones de ser testigo ocular de la miseria de los pobres, y a veces también de la ayuda caritativa prestada diariamente de manera altruista por algunas personas piadosas, entregándoles provisiones, alimentos y todo tipo de ayuda según veían que la necesitaban. Algunas damas piadosas se entregaban a esta buena labor con tanto celo, y tan confiadas en la protección de la Providencia a su labor caritativa, que acudían personalmente a distribuir limosnas a los pobres, e incluso a visitar a familias necesitadas en sus mismas casas a pesar de hallarse infectadas con enfermos, asignando enfermeras para que atendieran a los que requerían cuidados especiales y solicitando los servicios médicos y farmacéuticos, bendiciendo de ese modo a los pobres con ayuda material y tangible a la vez que con sus oraciones.

---

[125] Nota aclaratoria de C. H. Spurgeon.

Y quiero dar testimonio, cosa que olvidan algunos, de que ninguna de las persona que ejercían la caridad cayó enferma o se vio infectada por la plaga, lo que menciono para que sirva de ejemplo en el ánimo de muchos si llegara a producirse otro desastre semejante, dejándoles constancia de que sin lugar a dudas, quien da a los pobres, da crédito al Señor, y él se lo recompensa. Los que en una situación crítica ponen en peligro sus vidas para ayudar, asistir y consolar a los pobres en su miseria, cuentan con la esperanza de ser protegidos y preservados en su labor».

DANIEL DEFOE [1660-1731]
"Defoe's Journal of the Plague Year in London", 1722

Horne,[126] en sus notas sobre los Salmos, hace referencia a la peste de Marsella y a la especial devoción y dedicación de su obispo. Hay un relato completo de ello en *Percy Anecdotes,* del cual transcribimos lo siguiente: [127]

«M. De Belsunce, obispo de Marsella, destacó de tal manera por su actitud y comportamiento humano durante la peste que asoló la ciudad en 1720, que el regente de Francia le ofreció la Sede de Laon, en Picaddy, mucho mayor y de una categoría ostensiblemente superior. Pero él rechazó el ofrecimiento alegando que se negaba a abandonar un rebaño tan querido y por el cual había arriesgado tanto en sus momentos de sufrimiento. Su labor, tan piadosa como intrépida, ha quedado reflejada para la posteridad

---

[126] Se refiere a GEORGE HORNE [1730-1792], predicador y teólogo inglés, Presidente del *Magdalen College* y posteriormente Vicerector de la Universidad de Oxford. Autor de numerosas obras, es conocido más que por ninguna otra por su *"Commentary on Psalms",* "Comentario al Libro de los Salmos" publicado en 1771.
[127] Nota aclaratoria de C. H. Spurgcon.

en una pintura que decora el Ayuntamiento de Marsella, en la que se le representa con su hábito episcopal rodeado de mendigos y enfermos, impartiendo su bendición a los que están expirando (...) Pero probablemente la imagen más conmovedora de la labor realizada por este obispo memorable esté en una de sus propias cartas dirigidas al obispo de Soissons, fechada el 27 de septiembre de 1720: «Nunca –dice el obispo Belsunce– ha habido desolación mayor, nada semejante a esto. Hemos tenido muchas epidemias y algunas muy crueles, pero ninguna como esta, porque enfermar y morir es casi una misma cosa. ¡Qué espectáculo tan melancólico el que contemplamos por todos lados! Camino constantemente por calles abarrotadas de cadáveres, algunos a medio descomponer, buscando algún moribundo al que darle la absolución». Y a pesar del alto riesgo de contagio por su constante exposición al virus, el devoto obispo escapó ileso.

SHOLTO PERCY Y REUBEN PERCY
"The Percy Anecdotes: Original and Select" 1788
edición en veinte volúmenes

Y si bien Francia presume con razón de su compasivo obispo marsellés, Inglaterra puede felicitarse a sí misma de haber dado cobijo en su seno a un clérigo que también se excedió en su labor pastoral, entregándose al cuidado del rebaño que le había sido encomendado con no menos riesgo para su propia vida y no menos fervor, piedad y benevolencia. El Reverendo W. Monpesson,[128] rector de Eyam en

---

[128] Se refiere al reverendo WILLIAM MOMPESSON [1638-1708]. La peste bubónica que asoló Inglaterra durante 1665 y 1666 llegó a Eyam en un cargamento de ropa donde había pulgas infectadas que diseminaron la enfermedad a finales de 1665. Remitió un poco durante el invierno, pero regresó de nuevo con mayor virulencia

Derbyshire. Durante la peste que prácticamente acabó con la población de la aldea en 1666, y a lo largo de todo el período en el que se prolongó tal calamidad, ejerció funciones de médico, legislador, y pastor de su afligida parroquia, asistiendo a los enfermos con sus medicinas, sus consejos y sus oraciones. La tradición todavía mantiene un memorial en una cueva en las afueras de la ciudad de Eyam, donde este esforzado y meritorio clérigo solía predicar a aquellos de sus feligreses que no habían resultado contagiados por la enfermedad. A pesar de que el área urbana de Eyam quedó casi despoblada, sus actuaciones evitaron que la plaga se extendiera a otros distritos, y él mismo sobrevivió ileso.

C. H. Spurgeon

Vers. 8. *Ciertamente con tus ojos mirarás y verás la recompensa de los impíos.* [*Ciertamente con tus ojos*

al llegar la primavera de 1666, que fue cuando Mompesson, dando ejemplo de cooperación cristiana ante la adversidad, unió sus esfuerzos a los del proscrito puritano Thomas Stanley, al tomar la valiente decisión de aislar completamente la aldea durante un año y hacer frente a la plaga. El episodio se conmemora todavía anualmente en Eyam, que sigue siendo conocida en Inglaterra como *"la aldea de la peste"*. La manera milagrosa y aparentemente extraña en la que algunos habitantes de la ciudad murieron infectados mientras otros a su lado fueron preservados a pesar de haber estado en contacto constante con infectados, incluyendo a Mompesson, a muchos otros creyentes y hasta al sepulturero, ha dado pie a muchas preguntas y ha motivado en la actualidad investigaciones científicas para desvelar si los habitantes de Eyam podrían haber tenido alguna clase de protección de origen genético frente a la peste bubónica, ya que se ha descubierto en un 14% de los descendientes directos a los supervivientes a la plaga una mutación del gen CCR5, conocida como "Delta 32", una estadística muy elevada dado lo extremadamente rara que es esta mutación.

mirarás y verás la retribución de los impíos. RVR] [No tendrás más que abrir bien los ojos, para ver a los impíos recibir su merecido. NVI] [Con tus ojos mirarás y verás la paga de los impíos. LBLA]

Ciertamente con tus ojos mirarás y verás la recompensa de los impíos. La escena pone de manifiesto tanto la justicia como la misericordia de Dios: su severidad se hará evidente en los que perecen; y las riquezas de su bondad ostensibles en la manera maravillosa en la que los creyentes son librados. Josué y Caleb pudieron verificar personalmente esta promesa. Durante la peste que azotó la ciudad de Londres[129] los predicadores puritanos se sintieron especialmente tocados por este versículo, de modo que salieron de sus escondites para proclamar el juicio y la misericordia divina a una sociedad disoluta severamente castigada por la peste. La visión de los juicios de Dios ablanda el corazón, provoca un santo temor, genera gratitud, y como resultado estimula un profundo sentido de adoración. Es el tipo de visión que ninguno de nosotros desearía contemplar jamás, y con todo, si se da el caso de que llegamos a presenciarla, lo más probable es que eleve nuestro coraje en el más noble de los sentidos. Limitémonos a observar el devenir de la providencia y nos encontraremos matriculados sin pedirlo en una escuela donde los ejemplos de la recompensa final del pecado son tan numerosos como constantes. No debemos valorar casos aislados, no sea que juzguemos indebidamente y saquemos falsas conclusiones; pero los ejemplos de intervenciones divinas tanto

---

[129] Se refiere a la epidemia conocida como LA GRAN PLAGA. Ver nota 7 en este mismo Salmo.

sobre personas como cosas se acumularán ante la mirada atenta de cualquier observador, y de la suma de los mismos sí podemos sacar conclusiones imparciales. Y en tal caso, a menos que cerremos los ojos a lo que resulta del todo evidente, nos daremos cuenta, después de todo, de que existe un legislador moral que actúa por encima de los hijos de los hombres y que tarde o temprano recompensa en justicia a los impíos con el castigo que merecen.

C. H. Spurgeon

Ciertamente con tus ojos mirarás y verás la recompensa de los impíos. Recompensa, en primer lugar y como es natural, por haber sido librado tú mismo. En segundo lugar, por tu seguridad. En tercer lugar, al comparar tu situación y la de ellos. Y en cuarto lugar, por la absoluta preeminencia de la justicia en sí misma, puesto que entonces no será ya tiempo de misericordia, sino de juicio; y no habrá misericordia alguna hacia los impíos, no habrá para ellos esperanza posible.

Bernardo de Claraval [1090-1153]

Vers. 9, 10. Antes de exponer estos versículos debo referir un incidente personal que ilustra su poder para apaciguar el corazón del creyente cuando son aplicados por el Espíritu Santo. En el año 1854, cuando hacía apenas doce meses que residía en Londres, el vecindario donde ejercía mi ministerio pastoral se vio afectado por un brote de cólera asiática, y mi congregación sufrió intensamente sus estragos. Familia tras familia, me llamaban a la cabecera de la cama de los enfermos, y no había un solo día en que no tuviera que predicar ante una tumba. Me entregué a la labor de visitar a los enfermos con el ímpetu de mi ardor juvenil, y de todas partes del distrito atendía a personas de todos los rangos sociales y credos religiosos. Llegué al punto en que me sentía agotado del cuerpo y dolorido en mi corazón. Mis amigos caían uno tras otro, y yo sentía (o imaginaba) que también estaba enfermando juntamente con los que me rodeaban. Un poco más de trabajo y llanto, y pronto haría compañía a los demás reposando bajo una losa. Sentía que mi carga era más pesada de lo que podía soportar, y estuve a punto de hundirme bajo su peso. Quiso Dios que, regresando entristecido a casa después un entierro, la curiosidad me llevara a leer un rótulo que había colgado en el escaparate de un zapatero de Dover Road. No parecía un anuncio propio de su oficio, ni lo era, pues escrito con gruesas y grandes letras a mano decía:

"Porque has puesto a Jehová, que es mi esperanza, al Altísimo, por tu habitación, no te sobrevendrá ningún mal, ni plaga tocará tu morada".

Su efecto en mi corazón fue inmediato. Mi fe se apropió del pasaje y lo hizo suyo. Me sentí seguro, renovado, ceñido con el don de la inmortalidad. Seguí visitando moribundos con un espíritu sosegado y en paz, sin temer ningún mal ni sufrir daño alguno. Ahora reconozco en ello la acción de la divina providencia que impulsó a aquel artesano a colocar estos versículos en su escaparate; y recordando su poder maravilloso adoro al Señor mi Dios. En estos versículos el salmista asegura al hombre que habita en Dios que estará seguro. A pesar de que la fe no reclama para sí misma mérito alguno, el Señor la recompensa dondequiera que la ve. El que *hace* de Dios su refugio, encontrará refugio en él; quien mora en Dios, disfrutará de protección para su morada. Debemos *hacer* del Señor nuestra habitación, depositando en él nuestra confianza y eligiéndolo como descanso, y seremos inmunes a cualquier daño; ningún mal podrá tocarnos personalmente, y ningún golpe de juicio arremeter contra nuestro hogar. La *morada* a la que se refería aquí el salmista (el Tabernáculo), era solo una tienda de lona, aunque la frágil cobertura demostraría ser protección más que suficiente para cualquier mal. Cuando el alma ha hecho del Altísimo su habitación, poco importa si lo que cubre su cabeza es la cabaña de un mendigo o el palacio de un monarca. Acudamos a Dios y habitaremos en el bien absoluto, puesto que el mal será desterrado lejos. La razón que nos permite esperar protección en el día del peligro no es que seamos perfectos o tenidos en alta estima entre los hombres, sino que nuestro amparo es el Dios Eterno y nuestra fe ha aprendido a refugiarse y esconderse al abrigo de sus alas.

Es imposible que la persona amada por el Señor se vea afectada por mal alguno; las calamidades más aplastantes solo acortan su viaje y precipitan su recompensa. Para ella, el mal no es mal, solo bien presentado de forma misteriosa. Las pérdidas la enriquecen, la enfermedad es su medicina, los reproches son su honor y la muerte su ganancia.[130] Ningún mal, en el sentido estricto de la palabra, puede sobrevenirle, porque de inmediato es neutralizado y transformado en bien. Feliz aquel que se halla en semejante situación. Se encuentra seguro allí donde los demás se sienten en peligro, sobrevive donde otros mueren.

C. H. Spurgeon

---

[130] Filipenses 1:21

Vers. 9. *Porque has puesto a Jehová, que es mi espe-**ranza, al Altísimo por tu habitación.*** *[Porque has puesto a Jehová, que es mi esperanza, al Altísimo, por tu habitación.* RVR*] [Ya que has puesto al Señor por tu refugio, al Altísimo por tu protección.* NVI*] [Porque has puesto al Señor, que es mi refugio, al Altísimo, por tu habitación.* LBLA*]*

Ya que has puesto al Señor por tu refugio, al Altísimo por tu habitación.[131] Aquí comienza la segunda parte del salmo. Y parece que el salmista, temeroso de que al aferrarnos a las promesas y bendiciones de Dios aplicándolas a nuestras vidas, nos olvidemos (algo que nos pasa con frecuencia) de la condición indispensable a la que van supeditadas: el carácter de aquellos que las reciben; estima preciso hacer una pausa para recordarnos la sustancia de los versículos con los que abre el salmo: *"Porque has puesto a Jehová, que es mi esperanza, al Altísimo por tu habitación"*.

MARY B. M. DUNCAN [1825-1865]
"Under the shadow of the Almighty", 1867

Ya que has puesto al Señor por tu refugio, al Altísimo por tu habitación. ¿Qué clase de fe es esta? ¿Qué nivel de

---

[131] En hebreo כִּי־אַתָּה יְהוָה מַחְסִי *kî-'āttāh Yahweh maḥsî* de מַחֲסֶה *machaseh,* con un claro sentido de "refugio". La traducción *"mi esperanza"* que hace la Reina Valera parece más bien una "filtración" del texto griego de los LXX o *Septuaginta*: ὅτι σύ κύριος ὁ ἐλπίς ἐγώ y de la Vulgata traduce: *"Quoniam tu es Domine spes mea"*, "Porque tu eres, Señor mi esperanza". Las traducciones de LBLA y la NVI son más ajustadas al texto hebreo.

confianza nos permite creer que Dios ha prometido protegernos y librarnos en épocas de peste? Respondo:

Hay ante todo una *fe de autopersuasión,* llamémosla
fe, a través de la cual los hombres se convencen a sí mismos de que ellos no van a morir, que no caerán bajo el
mazo de la plaga. Yo no veo que la protección divina de
la que se nos habla en este salmo demande este tipo convencimiento o vaya ligada a semejante autopersuasión; es
más, no veo siquiera que tal convencimiento se mencione.

Hay también una *fe de confianza,* que lleva a la persona
a confiar plenamente en Dios para su salvación; esta es
una fe verdaderamente justificadora, y sin duda genuina,
pero tampoco veo que se mencione en este salmo, no veo
que la promesa de protección y liberación que aquí se nos
hacen en épocas de peste tenga nada que ver con esa fe.

Pero hay además otra *fe de recurso a Dios;* y permitidme que la llame fe. A través de esta, la persona se entrega por completo al Señor en busca de refugio, acude a
él y hace de Dios su habitación cuando los demás corren
a esconderse. Que en épocas de peste una persona acu-
da a Dios para hacer de él su morada, su habitación, su
refugio, es la demostración más clara y contundente de
esa *fe de recurso* que se describe en el primer versículo
del Salmo 91. Leámoslo con atención: *"El que habita en
el lugar secreto del Altísimo",* sí, en el lugar secreto del
Altísimo. Es como si el salmista nos dijera: «Cuando otros
huyen de la peste y corren a sus propios escondites, *"el
que habita en el lugar secreto del Altísimo",* que ha elegido a Dios como escondite, *"morará bajo la sombra del
Omnipotente";* será objeto de la protección divina». Y ese
mismo mensaje es el que hallamos en los versículos nueve y diez (91:9-10): *"Ya que has puesto al Señor por tu
refugio, al Altísimo por tu habitación, no te sobrevendrá*

mal alguno, ni plaga tocará tu morada". Es como si el salmista nos dijera: «En épocas de peste las gentes huyen y corren buscando refugios, escondites y habitaciones seguras, pero como tú has puesto al Señor por tu refugio y has recurrido a él como tu habitación *"no te sobrevendrá mal alguno, ni plaga tocará tu morada"*»; y añade además en el versículo siguiente (91:11) *"pues él dará órdenes a sus ángeles acerca de ti, para que te guarden en todos tus caminos"*, es decir los caminos de tu vocación y lugar de residencia. La fe a la que hace referencia este salmo es aquella que muestra una persona cuando en tiempos de pestilencia, consciente y voluntariamente, se mantiene en su puesto y permanece en su casa realizando la labor que le corresponde, entregándose sin reservas a Dios y haciendo de Dios su habitación: esta es la fe a la que Dios ha prometido protección. La promesa de protección y liberación de la que nos hablan estos versículos no se hace al creyente por el mero hecho de ser creyente, sino que demanda a una fe pronta y activa, pues, a pesar de que una persona sea creyente, si no no pone su fe en acción, esta promesa no le alcanzará. Por tanto, que creyentes que no han ejercitado su fe y confianza absoluta en Dios mueran en plagas y pestilencias, no implica en absoluto el descrédito de la promesa.

WILLIAM BRIDGE [1600-1670]
"'The refuge': containing 'The righteous man's habitation in the time of plague and pestilence: being a brief exposition of the 91st Psalm", 1832

Ya que has puesto al Señor por tu refugio, al Altísimo por tu habitación. Ningún hombre puede habitar a la vez en dos casas, tener dos *hogares* simultáneos, dos moradas en las que resida de forma sincrónica. Por tanto, si el Señor ha de ser verdaderamente *"nuestra habitación"*, no podemos optar para nuestras almas por otro refugio que él. No cabe la posibilidad de mantener para el descanso de nuestros corazones una residencia distinta.

MARY B. M. DUNCAN [1825-1865]
"Under the shadow of the Almighty", 1867

Ya que has puesto al Señor por tu refugio, al Altísimo por tu habitación. Nuestra seguridad no consiste en el hecho de que Dios sea refugio y habitación, sino en que *"hemos puesto"* al Señor por nuestro refugio y nuestra habitación. Y es por ello que no sufriremos mal alguno. De esto depende toda nuestra seguridad; de que *hagamos* de Dios nuestra habitación, situándonos mediante la fe bajo su poder y providencia.

JEREMIAH DYKE [1584-1639]
"The Righteous Man's Tower"

Vers. 9-10. La divina Providencia proporciona a la Iglesia y a sus miembros una triple protección respecto a los peligros, que podemos definir del siguiente modo: *De los peligros; en medio de los peligros;* y *por medio de los peligros.*

1. *De los peligros.* Antes de que nos causen daño, según la promesa que hallamos en estos mismos versículos: *"Ya que has puesto al Señor, que es mi refugio, al Altísimo, por tu habitación. No te sucederá ningún mal, ni plaga se acercará a tu morada".* Se cuenta de Agustín de Hipona que había decidido en cierta ocasión visitar a los cristianos residentes en otra ciudad y predicar allí. El día y lugar planeados llegó a conocimiento de sus enemigos, que enviaron a varios hombres armados con la misión de interceptarlo en el camino, tenderle una emboscada y

asesinarlo. Pero quiso Dios que el guía enviado por los creyentes de esa ciudad para que le acompañara en el camino se equivocara de ruta y le llevara sin querer por un atajo, llegando así a su destino sin sufrir daño alguno. Los creyentes que le habían pedido que les visitara, cuando se enteraron de la emboscada planeada, del fracaso de la misma y la frustración de sus enemigos, adoraron a la Providencia divina y alabaron a Dios dándole gracias por tan maravillosa liberación.[132]

2. *En medio de los peligros.* Según leemos en Job: *"En seis tribulaciones te librará, y en la séptima no te tocará el mal. En el hambre te salvará de la muerte, y del poder de la espada en la guerra".*[133] En tiempos de hambre las provisiones almacenadas por la viuda de Sarepta se multiplicaron milagrosamente.[134] La Providencia divina estuvo junto a Daniel en el foso de los leones cerrando la boca de aquellas bestias furiosas;[135] y con los jóvenes arrojados

---

[132] Arrowsmith incluye al final de esta anécdota la fuente de la misma: *"Agnoscunt omnes miram Dei providentiam, cui ut liberatori gratias merito egerunt"*, extraída de *"Vita August"* o *"Vita S. Augustini",* "Vida de San Agustín", (capítulo 12), una completa biografía de Agustín escrita por Possidonius. Possidonius o Posidio de Calama [¿?-397] fue compañero y discípulo de Agustín, al cual se juntó en Hipona para compartir vida monástica en el año 390. En el año 400 fue nombrado obispo de Calama en Numidia (actualmente Argelia) donde introdujo el sistema de vida en común, conocida como de "canónigos regulares" entre los clérigos de su diócesis. Fue desposeído de su sede episcopal por los vándalos en el año 428, regresando a Hipona, donde asistió a la muerte de Agustín en el 430. Además de escribir su biografía, hizo una completa catalogación de todas las obras de Agustín.

[133] Job 5:19-20.

[134] 1ª Reyes 17:7-24.

[135] Daniel 6:1-28.

al horno de fuego, impidiendo que el fuego les dañara,[136] arrastrándolos literalmente fuera de las garras del peligro, de las mandíbulas de la muerte. La Iglesia ha sido siempre un lirio rodeado de espinas, pero ello no le ha impedido florecer; una zarza jamás consumida, a pesar de que pocas veces ha permanecido fuera del fuego.

3. *Por medio de los peligros.* La sabiduría de Dios puede utilizar incluso al propio mal para protegernos. No hay veneno mortífero que la Providencia divina no sea capaz de transformar en antídoto. Así, Jonás[137] fue tragado por un gran pez, y ello sirvió para preservarle la vida. José[138] fue arrojado a una cisterna y después vendido como esclavo en Egipto, pero tal desgracia le llevó a convertirse en cuidadoso y protector padre de los creyentes. Juan Crisóstomo exclama con su oratoria magistral: *"Fides in periculis secura est, in securitate pericliatur"*,[139] "La fe está segura en mitad del peligro, pero peligra cuando se siente segura". Ester se sentía totalmente segura cuando exclamó: *"Si perezco, que perezca"*[140]. Dios no nos preserva envasándonos en almíbar, como nosotros preservamos las frutas para que se conserven; sino envolviéndonos en sal, como se preserva la carne para un largo viaje. Por tanto, en esta vida debemos esperar dosis considerables de peligros, de salmuera y vinagre, porque nuestro Padre celestial quiere preservarnos para la eternidad, y ese proceso se lleva a cabo atravesando peligros. El aguijón (o espina) de Pablo en la carne, que era peligroso y molesto, le fue dado con el propósito de atenuar su orgullo, que era un

---

[136] Daniel 3:1-30.
[137] Jonás 1:17.
[138] Génesis, capítulos del 37 al 45.
[139] Homilía 26, "Sobre el Evangelio de San Mateo".
[140] Ester 4:16.

grave peligro para su ministerio y para su vida espiritual. *"Y para que la grandeza de las revelaciones –dice– no me exaltase desmedidamente, me fue dado un aguijón en mi carne, un mensajero de Satanás que me abofetee, para que no me enaltezca sobremanera"*[141]. En otras ocasiones, Alejandro el calderero le hizo mucho daño,[142] y tuvo que enfrentarse solo a Nerón, que tenía abiertas de par en par sus fauces de león para tragarlo;[143] pero el Señor le liberó, y terminó más que vencedor: *"El Señor me librará de toda obra mala y me traerá a salvo a su reino celestial. A Él sea la gloria por los siglos de los siglos. Amén"*[144].

JOHN ARROWSMITH [1602-1659]

Vers. 9-14. Nuestra dependencia de Cristo no es la razón por la cual nos protege y nos guarda, sino más bien el requisito para que seamos guardados.

RALPH ROBINSON [1614-1655]
"Christ All and in All", 1660

Vers. 10. *No te sobrevendrá mal, ni plaga tocará tu morada.* *[No te sobrevendrá ningún mal, y ninguna plaga tocará tu morada. RVR] [Ningún mal habrá de sobrevenirte, ninguna calamidad llegará a tu hogar. NVI] [No te sucederá ningún mal, ni plaga se acercará a tu morada. LBLA]*

---

[141] 2ª Corintios 12:7.
[142] 2ª Timoteo 4:14.
[143] 2ª Timoteo 4:16,17.
[144] 2ª Timoteo 4:18.

No te sucederá ningún mal, ni plaga[145] *se acercará a tu morada.*[146] El pecado que en su día encendió el fuego del infierno, ahora va prendiendo fuegos sin cesar aquí en la tierra. Y cuando surgen las llamas todo el mundo se pregunta: ¿Quién lo prendió? ¿Cómo ha sido? Amós nos da la respuesta escribiendo: *"¿Habrá algún mal en la ciudad, el cual Jehová no haya hecho?"*[147]. Y cuando la devastación es a causa del fuego, Isaías declara que es el Señor quien: *"nos ha consumido, a causa de nuestras iniquidades"*[148]. Hace años amenazaron con destruir mi casa, pero el Señor me la aseguró con la mejor póliza: el versículo diez del Salmo 91. La Providencia divina es la mejor compañía de seguros.

JOHN BRIDGE [1578-1665]

Vers. 11. ***Pues a sus ángeles mandará acerca de ti, que te guarden en todos tus caminos.*** *[Pues a sus ángeles*

---

[145] En hebreo וְנֶגַע *wəneḡaʿ* de נֶגַע *nega*. El texto griego de la Versión griega de los LXX o *Septuaginta* lee: μάστιξ "azote, flagelo", por lo que la *Vulgata* traduce: *"El flagellum non appropinquabit tabernáculo tuo"*, "ni se acercará azote a tu habitación".

[146] Dice AGUSTÍN DE HIPONA [353-429] siguiendo el texto de la *Vulgata*: «*"No se te aproximará ningún mal, ni azote se aproximará a tu tabernáculo"*. ¿Y qué tabernáculo es este? En este caso *"su tabernáculo"* se refiere a la morada terrenal del Señor, su carne. El Verbo se hizo carne, habitó en carne y la carne vino a ser morada de Dios. Fue en la carne donde luchó por nosotros y fue tentado por el diablo, y en carne fue él azotado, siendo nuestro Capitán, para que ni uno solo de sus soldados se rinda ni tenga que sucumbir a las tentaciones».

[147] Amós 3:6.

[148] Isaías 64:7, KJV.

dará orden acerca de ti, de que te guarden en todos tus caminos. RVR] [Porque él ordenará que sus ángeles te cuiden en todos tus caminos. NVI] [Pues Él dará órdenes a sus ángeles acerca de ti, para que te guarden en todos tus caminos. LBLA]

Pues a sus ángeles dará orden[149] *acerca de ti.* No un ángel guardián concreto, como sueñan algunos con tanto candor y ternura, sino que la referencia aquí es a todos los ángeles. Son la guardia personal de los príncipes de sangre imperial del cielo, y han recibido una comisión especial y órdenes concretas de su Señor, y el nuestro, de velar cuidadosamente sobre todos los intereses de los fieles. Cuando a una persona se le encomienda una misión concreta, suele ser doblemente cuidadosa en el cumplimiento de su cometido. Por ello se describe aquí a los ángeles como comisionados por Dios mismo para cuidar de que los elegidos permanezcan seguros. Proteger y cuidar a todos los que habitan en Dios forma parte de las órdenes de movilización dadas a las huestes del cielo. No debe extrañarnos, por tanto, que sus componentes sean especialmente comisionados a procurar el bienestar de los huéspedes de su Maestro; y podemos tener la absoluta certeza de que habiendo recibido una orden tan concreta de parte del propio Señor, la ejecutarán con el mayor celo y cumplirán al pie de la letra la misión que les ha sido encomendada.

Para que te guarden en todos tus caminos. Han recibido órdenes concretas de actuar en calidad de guardianes personales, de escoltas, de protectores del cuerpo, alma

---

[149] En hebreo: כִּי מַלְאָכָיו יְצַוֶּה־לָּךְ *kî-mal'ăḵāw yəṣawweh-lāḵ,* de צָוָה *tsavah,* "ordenar, mandar" (Génesis 2:16; 3:11).

y espíritu de los creyentes. Y el ámbito de esta protección es *"en todos tus caminos."*, es decir, sin límite para la persona de corazón recto delante de Dios, que se mantiene en su camino. Mientras el creyente se mantenga en su camino, los ángeles le protegerán. Y la protección es ilimitada y lo suficientemente amplia, pues abarca *todos* nuestros caminos. ¿Qué más podemos pedir y desear? En qué manera nos guardan los ángeles, lo ignoro y, por tanto, no lo puedo explicar. Si repelen demonios, desbaratan conspiraciones espirituales o incluso mantienen alejadas a las más sutiles fuerzas de la enfermedad física, es algo que no sabemos con exactitud. Quizás algún día, cuando tengamos constancia real de todos los servicios que estas patrullas invisibles nos han prestado mientras habitábamos en la tierra, nos quedemos atónitos.

C. H. Spurgeon

A sus ángeles, dará ordenes acerca de ti, para que te guarden en todos tus caminos.

1. *"A sus ángeles"*. Fijémonos bien que no habla aquí de un ángel en particular, no dice *"a mi ángel"*[150], a un único ángel, sino *"a sus ángeles"*; no es a un solo ángel a quien Dios encarga la seguridad de los que son suyos, sino *"a sus ángeles"*, es decir, a todos, para que esa seguridad esté garantizada y sea lo más amplia y completa posible.

2. *"Dará ordenes"* La versión inglesa KJV utiliza aquí la palabra *"charge"* que da un sentido de "poner alguien a cargo": encomendar bajo el cuidado, encargar la custodia. La idea es de un mandato tajante y concreto, mucho más fuerte que el de una simple orden. Cuando

---

[150] Éxodo 23:20; 32:34; 33:2.

deseamos que un sirviente ejecute algo concreto sin dilación, no nos limitamos a comunicarle lo que debe hacer, a describirle el trabajo a realizar, sino que preceptuamos su tarea diciéndole: "Te encomiendo que hagas esto con la mayor exactitud y sin dilación".

3. *"Acerca de ti"*. Un mandato tajante sobre un asunto conciso: tú. Su misión concreta está en custodiarte y protegerte a ti, no a la Iglesia en general, sino a cada miembro en particular. ¡Una orden de protección personalizada! ¿No es maravilloso? *"Para que te guarden"*. El Señor se dirige a sus ángeles diciéndoles: 'Escuchad, oh ángeles, mis hijos y siervos están en estos momentos sufriendo una epidemia de peste. Os ordeno que entréis en sus hogares y no os mováis de allí; que permanezcáis de continuo al lado de cada uno de ellos. *"En todos tus caminos"*. No dice "ocasionalmente", no dice "en algunos de tus caminos", sino *"en todos tus caminos"*. La protección de la Providencia divina es personal, individual y pormenorizada en lo que se refiere a sus destinatarios, aunque universal y absoluta en lo que respecta al nivel de protección. Nos protege en todo momento, en todo lugar; no en algunos, sino en todos nuestros caminos. Pero, ¿esto es todo? No, hay más:

4. *"Te llevarán en sus manos"*. Así como todo buen siervo anhela llevar en brazos al joven heredero o al retoño de su amo, así también los ángeles con nosotros. No es asunto de poca importancia que el Señor nos prometa que los ángeles acamparán a nuestro lado: *"El ángel del Señor acampa alrededor de los que le temen"*[151], pues ese *"acampar"* implica no solamente que serán nuestros guardianes, nuestras nodrizas, que nos llevarán en sus manos, sino que lo harán concretamente *"para que tu pie no tropiece en piedra"*. Cuando los niños comienzan

---

[151] Salmo 34:7, LBLA.

a caminar es probable que tropiecen, caigan y se hagan un buen chichón; caminan vacilantes, y la más pequeña piedra que encuentren es suficiente para hacerles perder el equilibrio y caer. Muchas son las piedras que pueden hacernos caer a nosotros lo largo de nuestro camino; y nuestras posibilidades de fracasar son altísimas; pero la providencia y la bondad de Dios son de tal magnitud, que ha previsto y provisto que sus ángeles nos guarden y protejan en contraposición a todos nuestros enemigos foráneos; y que sean nuestras enfermeras en todas nuestras enfermedades, a fin de que no caigamos, nos hagamos daño y fracasemos.

Pero, ¿por qué y para qué necesita Dios a los ángeles para proteger a su pueblo?, pues es todopoderoso y podría hacerlo por sí mismo. ¿Podría interpretarse como una debilidad por parte de Dios hacer uso de ángeles para cuidar y proteger a los suyos? No, todo lo contrario: redunda en su propio honor y gloria, pues cuanto más honrosos y honorables son los sirvientes, cuanto más valiosos y preciados los medios que un monarca utiliza para proteger a su pueblo, más le honra. Los ángeles son criaturas altamente honorables; con frecuencia la Escritura los llama dioses: *"Le has hecho poco menor que los ángeles, y lo coronaste de gloria y de honra"*[152]. Los ángeles son, por tanto, los más apropiados para ese trabajo que se les encomienda; adecuados por propia naturaleza, y adecuados en cuanto

---

[152] Salmo 8:5. En hebreo מְעַט מֵאֱלֹהִים *məʿaṭ- mêʾĕlōhîm* de אֱלֹהִים *elohim*. Un texto de difícil traducción. El término hebreo מֵאֱלֹהִים *mêʾĕlōhîm* solo se encuentra en dos lugares más aparte del Salmo 8:5; en 2ª Crónicas 35:21 y en Job 23:2. Algunas versiones más actuales, como es el caso de la NVI, traducen directamente: *"Pues lo hiciste poco menos que un dios";* LBLA traduce *"ángeles"*, pero indica en una nota que la palabra hebrea es *Elohim*. Ver al respecto los comentarios y notas correspondientes al Salmo 8:5.

a sus custodiados: los santos. Adecuados en cuanto a sí mismos, por las siguientes razones:

1. Porque son seres poderosos. ¿Quién mejor para procurar protección y bienestar del pueblo de Dios? Se dice de los ángeles que son *"poderosos en fortaleza"*[153]. Un solo ángel destruyó *"en el campamento de los asirios a ciento ochenta y cinco mil"* en una sola noche.[154] Si un solo agente de policía, como suele decirse, puede ahuyentar a veinte ladrones; un solo ángel de Dios, investido de la autoridad divina, puede poner en fuga a un millar de demonios; los ángeles son seres extremadamente fuertes y poderosos.

2. También son sabios y excelsos en todo conocimiento. ¿Quién mejor para procurar la protección y bienestar de los hijos de Dios, para protegerlos y defenderlos? Recordad lo que dijo Joab a David: *"Pues que mi señor el rey es como un ángel de Dios para discernir entre lo bueno y lo malo"*[155]; y nuestro Salvador afirma: *"Pero del día y la hora nadie sabe, ni aun los ángeles de los cielos, sino solo mi Padre"*[156], dando a entender que los ángeles conocen todos los secretos y están familiarizados con todas las cosas ocultas con excepción del día y hora de su segunda venida. Los ángeles son seres particularmente sabios, prudentes y poseedores de todo tipo de conocimientos.

3. Son rápidos y veloces en el cumplimiento de las misiones que les han sido encomendadas. ¿Quién mejor para procurar la protección y bienestar de los hijos de Dios? Así son los ángeles. En el primer capítulo de Ezequiel leemos que cada uno de ellos tenía cuatro

---

[153] Salmo 103:20.
[154] 2ª Reyes 19:35.
[155] 2ª Reyes 4:17.
[156] Mateo 24:36.

alas.[157] ¿Para qué? Para ser más expeditivos y poder llevar a cabo con la mayor velocidad todo aquello que les es encomendado.

4. Son fieles, tanto a Dios como al hombre. En el Salmo 103 leemos que están siempre dispuestos para hacer la voluntad de Dios, y la hacen: *"Bendecid a Jehová, vosotros sus ángeles, poderosos en fortaleza, que ejecutáis su palabra, obedeciendo a la voz de su precepto. Bendecid a Jehová, vosotros todos sus ejércitos, ministros suyos, que hacéis su voluntad"*[158]. Son infinitamente fieles. ¿Quién mejor para procurar la protección y bienestar de los hijos de Dios que seres infinitamente fieles?

5. Sienten un amor extremo hacia los hijos de Dios, los creyentes. De lo contrario no serían apropiados para ser nuestras nodrizas y enfermeras, pues ¿qué es una nodriza sin amor? Aman a los santos de Dios. Dice el apóstol Juan en Apocalipsis: *"Yo me postré a sus pies para adorarle. Y él me dijo: Mira, no lo hagas; yo soy consiervo tuyo"*[159]. Los consiervos se aman entre sí, y los ángeles son consiervos nuestros. Se cuenta de Alejandro Margo[160] que pese a estar preocupado por una importante batalla que debía pelear al día siguiente, durmió toda la noche a pierna suelta, como si no tuviera preocupación alguna; y al preguntarle al día siguiente cómo lo había logrado, contestó: "Parmenio[161] estaba a cargo de

---

[157] Ezequiel 1:7.

[158] Salmo 103:20,21.

[159] Apocalipsis 9:10.

[160] Se refiere a ALEJANDRO III DE MACEDONIA, más conocido como ALEJANDRO MAGNO [356-323 a.C.], considerado como uno de los más hábiles generales y grandes conquistadores de la Historia por su conquista del Imperio Persa.

[161] Se refiere a PARMENIO o PARMENIÓN [400 a.C.-330 a.C.] general macedonio al servicio de Filipo II y posteriormente de su hijo

la guardia de noche, y sabía que él permanecería en vela cuidando todos los detalles". Sabía que su fiel capitán Parmenio estaría guardándole y esto era bastante para disipar cualquier preocupación.[162] Los ángeles reciben el calificativo de guardianes, nos vigilan y nos son fieles, por tanto, podemos sentirnos más seguros todavía que Alejandro, estando ellos de guardia, podemos descansar y reposar en paz.

Y siendo así, ¿por qué no aceptamos con mayor agrado las obligaciones y deberes que se nos plantean, aun cuando consideremos que son labores que no corresponden a nuestra categoría y que hacerlas nos degrada porque están por debajo de nuestro nivel? ¿Acaso no cabría pensar que cuidar de un enfermo afectado por la peste y que se consume por dentro, no es una labor muy por debajo de la que correspondería a los ángeles por su categoría? ¡Por supuesto! Y, no obstante, la aceptan de buen grado y la llevan a cabo gustosos, porque es algo que les ha sido encomendado. ¿Por qué rechazamos trabajos y obligaciones entonces, incluyendo aquellas que nos han sido encomendadas, alegando que están por debajo de nuestra categoría y nos degradan? ¿Por qué decimos tan a menudo: 'Esa persona es inferior a mí, no voy a humillarme sometiéndome a ella? Ah, pero los ángeles no tienen reparo en inclinarse para atar los cordones de tus zapatos aun a sabiendas de que estás muy por debajo de ellos. ¿Por qué nosotros

---

Alejandro Magno, convirtiéndose en su brazo derecho y uno de sus generales de más confianza.

[162] La anécdota procede de la "Vida de Alejandro", escrita por historiador romano PLUTARCO [46-120], una de las principales fuentes sobre la vida del conquistador macedonio, que incluye anécdotas y descripciones de incidentes que no aparecen en otras fuentes (PLUTARCO, *Vida de Alejandro,* 32:1-3).

nos comportamos de manera distinta a la de esos seres maravillosos a quienes Dios ha ordenado guardarnos, atendernos y servirnos?

WILLIAM BRIDGE [1600-1670]
"'The refuge': containing 'The righteous man's habitation in the time of plague and pestilence: being a brief exposition of the 91st Psalm", 1832

Pues él dará órdenes a sus ángeles acerca de ti, para que te guarden en todos tus caminos. Cuando Satanás tentó a Cristo en el desierto[163] lo hizo recurriendo a una cita de la Escritura, concretamente este versículo de este salmo, intentando sacarlo de su contexto y manipularlo en provecho propio. Pero su artimaña se volvió contra él, porque la Escritura es tan santa, tan pura y verdadera, que no hay en ella una sola palabra susceptible de ser aprovechada por el diablo, por pecadores o por herejes. Con todo, alegando que el diablo citó una porción de la Escritura (aunque revertiera en su contra), numerosos libertinos, epicúreos y herejes le imitan constantemente, cual si todos hubieran aprendido en la misma escuela.

HENRY SMITH [1560-1591]
"Sermons", 1866

Pues él dará órdenes a sus ángeles acerca de ti, para que te guarden en todos tus caminos. Un solo ángel investido con el poder de Dios es más fuerte y poderoso que un país entero. Los príncipes de esta tierra están sujetos a numerosos cambios, tanto en su vida como en su reino; puesto que sus enemigos pueden matar a sus guardianes

---

[163] Mateo 4:6.

o corromper a sus funcionarios. ¿Pero qué hombre o reino puede tocar a los guardianes de la Iglesia? ¿Qué oro podrá corromper a los ángeles de Dios? ¿Cómo puede caer y perecer algo cuya vigilancia ha sido confiada a guardianes tan fieles y poderosos? Además, el mandato dado a estos espíritus que ministran para que nos guarden y protejan no es un mandato general, sino personalizado hasta los extremos: vigilan y cuidan cada uno de nuestros miembros, tienen contados incluso cada uno de nuestros cabellos.[164] En el Salmo leemos que *"protegerán todos nuestros huesos"*[165]; en el noventa y uno (91:12) que *"protegen nuestros pies"*; y en otros pasajes que protegen todo nuestro cuerpo y cada uno de sus miembros. ¿Puede acaso un mandato tan concreto y dado de forma tan específica ser pasado por alto? Por último, la manera como cuidan de nosotros, según nos describe este salmo, nos garantiza el más elevado nivel de protección. ¿No está seguro un bebé en el regazo de su niñera, que lo lleva en brazos y lo sujeta con sus manos? ¿Habremos de temer, por tanto, peligro alguno mientras los ángeles de Dios nos transportan en sus brazos? No, en ellos estamos más seguros que en brazos de nuestras niñeras terrenales, pues incluso ellas, eventualmente, pueden tropezar y caer, pero los ángeles no tropiezan ni caen jamás.

ROBERT HORN [1565-1640]
"The Shield of the Righteous: or, the Ninety-first Psalme, expounded, with the addition of Doctrines and Verses", 1628

---

[164] Lucas 12:7.
[165] Salmo 34:20.

Sus ángeles. Tomando la palabra ángel[166] en su sentido literal, *mensajero,* podemos identificar y entender como *"ángel"* cualquier medio que Dios utilice para fortalecernos, protegernos y ayudarnos: *su ángel* enviado a nosotros.

MARY B. M. DUNCAN [1825-1865]
"Under the shadow of the Almighty", 1867

Para que te guarden en todos tus caminos. La forma en que estos espíritus celestiales llevan en brazos, cual niñeras, a los seres humanos que habitan en la tierra, o cómo, cual porteadores, alados trasladan sus almas al cielo cuando mueren son cuestiones del todo irrelevantes. Lo que de veras nos importa es que *nos guardarán en todos nuestros caminos.* Y por tanto, si nos apartamos del camino, su obligación es enfrentarse a nosotros y mantenernos en él. Esto da terror a los impíos que tratan de desviarnos y consuela a los santos. Pues, si un ángel guardó incluso a Balaam de pecar,[167] ¡cuánto más precavidos serán estos poderes gloriosos en evitar que los hijos de Dios se descarríen! ¡Cuántas caídas y arañazos nos han evitado! ¡En cuántas ocasiones en las que nos hemos sentido inclinados al mal nos han hecho regresar al camino, eliminando la ocasión o infundiéndonos pensamientos de bien! Pecamos muy a menudo, demasiado, y caeríamos con mucha más frecuencia todavía de no ser por estos santos guardianes que nos sostienen constantemente. Satán está listo a embaucarnos siempre que nos esforzamos en hacer el bien; y los ángeles están de igual modo preparados para evitar que hagamos el mal. Nos encontramos en la misma situación que el sumo sacerdote Josué, con Satanás a un lado y un

---

[166] En hebreo מַלְאָךְ *malak.*
[167] Números 22:21-40.

ángel en el otro.[168] ¡Y bendito sea! Pues, de lo contrario, correríamos el peligro de que la acusación en nuestra contra fuera mucho más contundente que nuestra defensa, y no lograríamos en modo alguno prevalecer.

THOMAS ADAMS [1583-1653]
"Mystical bedlam, or the vvorld of mad-men", 1615

Para que te guarden en todos tus caminos. Hasta aquí llega su misión, que aunque amplia, no va más allá. Si nos apartamos del camino trazado perdemos su protección; pero en tanto que nos mantenemos dentro de nuestro camino, los ángeles, sí, los ángeles de Dios nos guardan. No os preocupe tanto, pues, perder vuestro patrimonio, vuestra libertad o vuestra vida, deberíais preocuparos más de no desviaros de vuestro camino; temed a esto más que a cualquier otra cosa, ya que el pecado es lo que más os aboca al fracaso y a la miseria. En tanto os mantengáis en vuestro camino, mantendréis también las demás cosas; y si acaso perdéis alguna de ellas, obtendréis algo mejor; pues aun cuando lleguéis al punto de tener que sufrir por Cristo, estando con él, nunca saldréis perdiendo.

SAMUEL SLATTER [¿?-1704]
"Morning Exercises"[169]

---

[168] Zacarías 3:1.

[169] Los *"Morning Exercices"* fueron iniciados por THOMAS CASE [1598-1682] como devocionales para los soldados puritanos durante la Guerra Civil de Inglaterra (1642-1651) a las 7 de la mañana para orar y escuchar la palabra de Dios. Se convirtieron en costumbre en la mayoría de iglesias de Londres y del resto de Inglaterra con asistencia del pueblo. En ellas hacían sus exposiciones los más famosos predicadores puritanos de la época. Después de la Guerra Civil, esta costumbre continuó y fue conocida como *"Morning Exercises at Cripplegate"* y los sermones fueron recopilados y

En todos tus caminos. Vuestros caminos son los caminos de Dios, la ruta que el Señor os ha asignado. De modo que cuando os apartáis de los caminos de Dios, os estáis apartando de vuestro propio camino. Pero si os mantenéis en él, los ángeles os guardarán, incluso en tiempos de peste, y os llevarán en sus manos para que vuestro pie no tropiece en piedra. Pero si os salís de vuestro camino, no os garantizo vuestra seguridad. Cuando Balaam se dejó arrastrar por las sugerencias del diablo, un ángel asustó a su asna, y el asna se precipitó y tropezó con la pared, apretándose contra ella.[170] La promesa es *"Para que tu pie no tropiece en piedra",* pero Balaam se había apartado de su camino y su asna hizo que su pie tropezara. Jonás se salió también de su camino, pues Dios le había ordenado ir en una dirección y él fue en otra. De modo que los ángeles dejaron de protegerle y el mar no se calmó hasta que lo arrojaron por la borda; y en lugar de ángeles que le protegieran se lo tragó un gran pez. Cierto, hemos de admitir que por intervención directa de la libre gracia y misericordia de Dios, aun el vientre de destrucción se convirtió para Jonás en cámara de preservación, pero eso no quita que se había apartado de su camino y que en lugar de tener un ángel que sostuviera en brazos su cuerpo entero fue arrojado por la borda del bajel en que viajaba. Dice Salomón: *"Como pájaro que vaga lejos de su nido, así es el hombre que vaga lejos de su hogar"*[171]. Mientras se mantiene en el nido está protegido de halcones y fuera del alcance de los dardos del cazador, libre de redes y de trampas, a salvo

---

publicados por SAMUEL ANNESLEY [1620-1696], lo que ha permitido que hayan llegado hasta nosotros algunas de las mejores exposiciones de los predicadores puritanos.

[170] Números 22:21-35.
[171] Proverbios 27:8, LBLA.

de los ataques de serpientes y otros depredadores. Pero únicamente si se mantiene en su nido. Cuando se aparta del nido queda expuesto a numerosos peligros. Así es también con el hombre en su camino: mientras se mantiene en él está bien protegido, pero cuando se aparta y se sale de su ruta, queda expuesto a toda clase de peligros. Manteneos pues dentro de los límites de vuestro camino, ya que con ello garantizáis vuestra protección divina y el ser transportados por manos de ángeles. ¿Quién de nosotros no anhela y se siente dispuesto a lo que haga falta para mantenerse dentro del camino que Dios le ha asignado? ¿No deberíamos con más frecuencia hacer un alto para preguntarnos 'Estoy dentro de mi camino'? Se cuenta que el Viejo Mr. Dod,[172] saltando de un bote a otro en el agua resbaló, y la primera palabra que dijo fue: *"¿Me mantengo en mi camino?"* o dicho de otro modo *"¿Voy bien?"*. Lo mismo deberíamos exclamar nosotros continuamente ¿Me mantengo en mi camino? ¿Voy bien? Oh alma mía, ¿te mantienes en tu camino? ¿Vas bien? Analiza: Hoy has salido a la calle y te propones llevar a cabo tu ministerio sin antes haber orado y leído la Escritura por la mañana: ¿Vas bien? Estás de tertulia en compañía de personas de reputación dudosa, cuya presencia a tu lado no hace ningún bien a tu reputación ni al evangelio, personas de las

---

[172] Se refiere a JOHN DOD [1549-1665], uno de los pioneros del movimiento puritano, conocido como *"Old Dod"*, "El Viejo Dod", porque vivió más de noventa años, y también como *"Decalogue Dod"*, "Dod el del Decálogo", por su énfasis en los diez mandamientos. Escribió diversas obras, entre ellas un libro de sentencias y refranes con el título de *"A Posie from Old Mr. Dod's Garden"*, frases muy conocidas y utilizadas habitualmente por los anglosajones que las citan refiriéndose a su autor como *"Good old Mr. Dod"*, "el bueno del viejo Dod".

cuales no vas a sacar nada bueno, sino más bien daño: ¿Vas bien? Preguntaos siempre esto: ¿Me mantengo en el camino? ¿Voy bien? Pues únicamente nos cabe esperar la protección del Señor y la asistencia de los ángeles si nos mantenemos en nuestro camino.

WILLIAM BRIDGE [1600-1670]
"'The refuge': containing 'The righteous man's habitation in the time of plague and pestilence: being a brief exposition of the 91st Psalm", 1832

Pues él dará órdenes a sus ángeles acerca de ti, para que te guarden en todos tus caminos. Contamos con la defensa y salvaguarda de todo el imperio completo. No tan solo con la del Rey del cual malvados y proscritos permanecen alejados, sino además con la de todos los ángeles guardianes, a los cuales ha dado el Rey mandato expreso para que nos cuiden y protejan en todos nuestros caminos. Tan directa y tan cercana en nuestra participación en sus cosas divinas, que ha dispuesto que su propia guardia personal sea la que nos atienda y proteja.

THOMAS ADAMS [1583-1652]
"Mystical bedlam, or the vvorld of mad-men", 1615

Vers. 11, 12. Es destacable que el arma que Satanás elija esgrimir en contra de Cristo, sea la Escritura.[173] En las demás tentaciones se muestra más bien tímido y modesto, y se limita a plantear ante Jesús su oferta dejándole la decisión de aceptarla o rechazarla. Pero en cuanto tiene oportunidad de citar la Escritura apelando a ella se envalentona, convencido de que ha logrado situar a su

---

[173] Mateo 4:6.

adversario contra las cuerdas. Aunque su astucia se apoya en una incorrecta interpretación del texto bíblico, por las siguientes razones:

1. Porque recurre a la promesa dada en el texto para provocar acciones pecaminosas contrarias al sentido general del resto de la Escritura, que nos enseña repetidamente a 'evitar el pecado alejándonos de él'.[174]

2. Por la mutilación que hace del texto sacándolo fuera de su contexto.[175] Excluye intencionadamente la parte donde se nos habla de las condiciones y limitaciones de la promesa; la parte que subordina la protección divina exclusivamente a aquellas acciones que sean conforme a la ley y la voluntad Dios. Y es evidente que este no era el caso en su absurda propuesta. Intenta, con toda la mala intención, convertir una promesa limitada y condicionada en una promesa universal e incondicional, extendiendo la protección prometida a cualquier tipo de acción que se lleve a cabo. Y el Salmo 91:11-12, donde dice *"A sus ángeles mandará acerca de ti, que te guarden"* omite intencionadamente la última parte del versículo donde dice: *"en todos tus caminos"*, que es lo que aclara la intención divina para esa promesa. Pero él la cercena dejándola de forma engañosa fuera del texto, como si se tratara de una parte superflua e innecesaria, cuando son palabras colocadas ahí por el Espíritu de Dios con el propósito de dejar claro quiénes son, tanto las personas como las acciones, a las cuales la promesa es aplicable. Es cierto que el sentido de palabra hebrea דְּרָכֶיךָ *dərāḵeḵā* que nuestras versiones traducen por *"caminos"*, es amplio y puede significar cualquier camino o forma de acción en general; pero no

---

[174] Salmo 4:4; Efesios 4:26; 1ª Juan 2:1.
[175] Como expresa el dicho popular, "Un texto fuera de su contexto, es un pretexto".

es el sentido de su aplicación en este salmo, ya que de ser así, Dios quedaría comprometido a otorgar a los destinatarios de la promesa una protección incondicional y absoluta, y no solo en aquellos casos en que se arriesgaran innecesariamente adentrándose por propia voluntad en situaciones de peligro, sino incluso en las más abominables acciones pecaminosas, lo que estaría en total contradicción con otros muchos pasajes de la Escritura en los que Dios amenaza a los pecadores de apartar de ellos su mano y dejarlos que enfrenten solos las consecuencias y peligros de sus iniquidades. Resulta evidente, por tanto, que el verdadero significado y alcance de esta promesa de protección, no va más allá de esto: *'Dios permanece contigo mientras tú permanezcas con él'*. En Proverbios encontramos una paráfrasis de esta misma promesa: *"Entonces andarás por tu camino confiadamente, y tu pie no tropezará"*[176], donde queda claro que incluye también una condición previa para alcanzar la protección prometida, y que en este caso queda establecida por el uso del adverbio de tiempo *"entonces"*, que ata la promesa a lo expresado en los versículos anteriores: *"Hijo mío, no se aparten estas cosas* —es decir, los preceptos de la sabiduría— *de tus ojos..."* y ***"entonces*** —y solo entonces, únicamente bajo esta condición— *andarás por tu camino confiadamente, y tu pie no tropezará"*. De igual modo, esos *"tus caminos"* a los que se refiere esta promesa citada por Satanás, no son otros que los caminos de guardar la ley, los caminos del deber. Por tanto, la falacia de Satanás de recurrir a esta cita de la Escritura es obvia, y Cristo bien podía haberle contestado, como dice San Bernardo,[177] que sin duda Dios

---

[176] Proverbios 3:23.
[177] Se refiere a BERNARDO DE CLARAVAL [1091-1153]. Doctor de la Iglesia, abad del monasterio de Claraval y reformador monástico

nos promete seguridad y protección en *"su"* camino, no en peligros innecesarios buscados voluntariamente por nosotros, porque ese no es *"su camino";* y en el caso de Cristo hubiera sido, sin duda, un camino, pero no el suyo, no el de Cristo, sino el de Satanás, un camino que no conduce a otro lugar que a la ruina y destrucción.

3. Y a estas dos razones, algunos añaden todavía una tercera: la ocultación intencionada del versículo siguiente (91:13): *"Sobre el león y el áspid pisarás; hollarás al cachorro del león y al dragón",* pues este versículo se refiere directamente a Satanás, cuya crueldad y veneno resultan justa y fielmente representados en el león y el áspid, y donde se anticipa también el fracaso total de sus tentaciones y manejos, afirmando que Dios ejercerá su protección sobre los que son suyos con tal eficacia que sus hijos no caerán en la trampa del Maligno.

RICHARD GILPIN [1625-1699]
"Daemonologia Sacra or A Treatise of Satan's Temptations", 1677

---

francés, impuso el estilo que pronto se extendería a toda la *Orden del Císter:* disciplina, austeridad, oración y simplicidad. Tales ideales le enfrentaron con PEDRO EL VENERABLE [1092-1156], abad de Cluny, pues suponían un ataque directo contra la riqueza de los monasterios, la pompa de la liturgia y el lujo de las iglesias cluniacienses. Luchó contra las incipientes tendencias laicistas de su tiempo, haciendo condenar el racionalismo de Pedro Abelardo, quien mantenía que se debían buscar los fundamentos de la fe con similitudes basadas en la razón humana. Creía en la revelación verbal del texto bíblico, y se declaró fiel discípulo de San Ambrosio y de San Agustín, a quienes llamó "las dos columnas de la Iglesia". Rebatió también las propuestas de Arnaldo de Brescia y dejó tras su muerte numerosos escritos.

Vers. 11-12. En mi opinión hay una coincidencia notable entre las expresiones que hallamos en este salmo referentes a la función y misión de los ángeles de Dios, y el pasaje de Isaías 63:9, donde se nos habla de Cristo llevando a cabo personalmente y sin intermediarios esa misma función y mandato que aquí en el Salmo 91 se encomienda a los ángeles: *"Así se convirtió en el Salvador de todas sus angustias. Él mismo los salvó; no envió un emisario ni un ángel. En su amor y misericordia los rescató; los levantó y los llevó en sus brazos como en los tiempos de antaño"*[178]. Si comparamos: *"en sus manos te llevarán, para que tu pie no tropiece en piedra"* del Salmo 91 con: *"los levantó y los llevó en sus brazos como en los tiempos de antaño"* de Isaías 63, descubrimos al Cristo habitando en nosotros y simpatizando con nuestra humana naturaleza, residiendo de forma individual por medio de su Espíritu en cada corazón, y por tanto, conocedor de todas nuestras necesidades; al Cristo habitando en nosotros guardándonos con amor y piedad en cada paso que damos, todopoderoso para hacer buenas nuestras obras y proteger nuestros intereses. De ese modo, él mismo se convierte en: *"el Salvador de todas nuestras angustias"*, y por otra parte, *todas* a nuestro alrededor se convierten a su vez en *"ángeles"*, en mensajeros suyos para nuestro bien.[179]

Mary B. M. Duncan [1825-1865]
"Under the shadow of the Almighty", 1867

Vers. 12. *En las manos te llevarán, para que tu pie no tropiece en piedra. [En las manos te llevarán, para que tu*

---

[178] Isaías 63:9.
[179] Romanos 8:28.

pie no tropiece en piedra. RVR*] [Con sus propias manos te levantarán para que no tropieces con piedra alguna.* NVI*] [En sus manos te llevarán, para que tu pie no tropiece en piedra.* LBLA*]*

En las manos. Es decir, las manos de ellos, manos de ángeles de Dios convertidos en nuestros sirvientes más solícitos.

Te llevarán.[180] Como las enfermeras y nodrizas transportan a los bebés recién nacidos, con precaución y cuidado, con amor y ternura, así también llevarán estos espíritus gloriosos a cada creyente en particular.

Para que tu pie no tropiece en piedra. Evitando todos los peligros, aun los más insignificantes. Lo ideal sería que no tropezáramos, pero como el camino es escabroso, es muy de agradecer que el Señor mande a sus servidores para que nos mantengan en alto por encima de cualquier guijarro. Si no es posible alisar el camino, qué mejor solución que los ángeles nos mantengan en alto con sus manos. Y sabiendo, como sabemos, que los grandes males parten casi siempre de pequeños incidentes, es demostración evidente de la sabiduría divina que ordene que seamos protegidos incluso de los peligros más insignificantes.

C. H. Spurgeon

En sus manos te llevarán, para que tu pie no tropiece en piedra. Aquí se nos describe a los ángeles llevando a los creyentes en sus manos. No para transportarles con

---

[180] En hebreo: עַל־כַּפַּיִם יִשָּׂאוּנְךָ *'al-kappayim yiśśā'ū·nəḵā* de נָשָׂא *na-sah,* "elevar, suspender en el aire, llevar en volandas" (Génesis 7:17; Josué 3:6).

mayor facilidad por encima de algún vasto océano; no para abrirles paso a través de escuadrones hostiles y amenazantes, o para trasladarles a un lugar de refugio seguro cuando enfrenten peligros extraordinarios; sino *"para que su pie no tropiece en piedra"*. Si, a los ángeles, los seres más elevados en la escala de la creación, radiantes, magnificentes, poderosos, la Escritura los representa en este hermoso pasaje sosteniendo en sus manos a los justos, para que ningún guijarro suelto en el camino los haga caer, o se lesionen al tropezar y dar con su pie en piedra alguna, ¿cabe pensar que una función tan simple degrada en cierto modo las sublimes aptitudes de seres tan excelsos, empleándolos en algo que está muy por debajo de sus capacidades? ¡En modo alguno! Pues lesionarse un pie tropezando contra una piedra, con frecuencia, es la causa inicial de males posteriores mucho más graves, que puedan convertirse incluso en una amenaza para el cuerpo entero. Una simple herida en el pie, en apariencia insignificante, con frecuencia es causa de infecciones gravísimas que han llevado a más de uno a la sepultura.[181] ¿Y acaso hay motivos para pensar que la cosa es distinta cuando la aplicamos al alma, que es a quien va dirigida esta promesa? ¡En modo alguno! Y si alguna diferencia hay, en todo caso es negativa, ya que el peligro que presenta para el alma la más pequeña lesión es mucho mayor que en el caso del cuerpo físico: las peores enfermedades espirituales suelen tener su origen en pecados y faltas

---

[181] Nos viene a la mente el caso del compositor francés JEAN BAPTISTE LULLY [1632-1687], que murió por gangrena a causa de una herida que se hizo en el pie con su bastón de director de orquesta. En aquella época, los directores de orquesta en lugar de batuta usaban pesadas barras de hierro con las que marcaban el compás contra el suelo.

insignificantes. Hemos de concluir, por tanto, que cuando se ha comisionado a los seres más elevados de la creación para evitar que el pie de los creyentes se lesionen contra una piedra, no ha de ser trabajo fácil. Y ciertamente, progresar en la vida cristiana no lo es: cargar día tras día con la cruz, no es cosa fácil, y menos aun en circunstancias extraordinarias que la hacen más pesada. Servir a Dios en las cosas insignificantes, aplicar los grandes principios de la vida cristiana a los pequeños detalles de la vida diaria, disciplinar nuestro carácter, refrenar nuestra lengua, la negación del yo, el sacrificio voluntario a cambio de nada, la entrega a los demás... ¡no son cosas fáciles! ¡Quien no conoce por propia experiencia lo ello implica, no alcanza a darse cuenta de que hay más peligro de caer en estas insignificancias de la vida diaria, en cosas habituales y naturales, que en las grandes pruebas y aflicciones, aunque estas últimas en apariencia exijan mayor sacrificio y demanden mucha más paciencia. Son las cosas simples, las cosas del día a día, las que nos llevan a bajar la guardia, las que nos hacen sentir confiados; por tanto, el peligro que representan es mucho mayor.

HENRY MELVILL [1798-1871]

En sus manos te llevarán. Esta frase no es literal, hay que entenderla en sentido metafórico, y expresa la perfecta ejecución por parte de los ángeles de su labor de custodia. Su propósito es que el oyente o lector de la Escritura entienda a la perfección el tipo de cuidado y el alto nivel de protección que estos enviados divinos prestan a los creyentes. Y el salmista recurre para ello a la metáfora diciendo: *"en sus manos te llevarán"*. Uno transporta con sus propias manos aquello que más estima y protege, y procura que se mantenga a salvo en todo momento. Los españoles tienen al respecto una expresión muy significativa para definir la amistad y dedicación especial que alguien tenga hacia otra persona: *"Lo lleva en palmitas"* o *"Lo lleva en la palma de la mano"*, es decir, que demuestra para esa persona un cariño especial, que es extremadamente atento con ella, siempre pendiente de lo que necesita y siempre dispuesto a agradarle.

Para que tu pie no tropiece en piedra. Es una prolongación de la misma metáfora. *"No tropiece"*: los niños de corta edad –y eso es lo que somos espiritualmente– tropiezan con frecuencia, dan traspiés y caen, por eso hace falta llevarles en brazos. *"En piedra"*: con este término describe todas las dificultades y peligros tanto exteriores como interiores, a que se enfrenta la persona, y de los cuales Cristo nos dice que nuestro Padre celestial nos cuida y protege con tanto esmero como protege todo aquello que ama, desde los pajarillos hasta los cabellos de nuestra cabeza, contados uno a uno.[182] Estos textos nos aclaran cuál es el mandato dado a los ángeles, cuáles son sus funciones, a las que Zanchy[183] añade la de "maestros y educadores",

---

[182] Mateo 6:26; Lucas 12:6,7.

[183] Se refiere a Jerome Zanchius o Hieronymus Zanchius [1516-1590], también conocido como Girolamo Zanchi, reformador italiano y profesor en Heidelberg. Nacido en Alzano Lombardo, una comunidad de la provincia italiana de Bergamo, a la edad de 15 años entró en la Orden Agustiniana de los Canónigos Regulares. Pero la lectura de los escritos de los Padres de la Iglesia, así como las obras de Martín Bucero, Felipe Melanchthon y Martín Lutero le llevó a abrazar la Reforma Protestante. Fue un prolífico escritor y es conocido por sus voluminosas obras, algunas de las cuales, como *"The Doctrine of Absolute Predestination"*, "La doctrina de la predestinación absoluta" se han seguido publicando hasta el día de hoy.

pues somos extranjeros y advenedizos,[184] gente iletrada y obtusa, pero habiendo pasado a formar parte por adopción de la familia de Dios, él pone a sus ministros más nobles, *los ángeles,* a cargo de nuestro cuidado y educación. Cuando logramos destetarnos y empezar a comer sólido, no ya solo leche sino también vianda,[185] son ellos quienes nos instruyen, amonestan, corrigen, consuelan y defienden para preservarnos de todo mal y conducirnos a todo bien. Y estos seres excelsos, los ángeles, viendo que somos amados de Dios hasta el punto de que no escatimó por nosotros ni a su propio Hijo,[186] aceptan el mandato con todo su corazón y cumplen generosamente con su deber, desde el día de nuestro nacimiento hasta el fin de nuestra vida.

HENRY LAWRENCE [1600-1664]
"A Treatise of our Communion and Warre with Angels", 1646

Vers. 13. *Sobre el león y el áspid pisarás; hollarás al cachorro del león y al dragón.* [*Sobre el león y el áspid pisarás; hollarás al cachorro del león y al dragón.* RVR] [*Aplastarás al león y a la víbora; ¡hollarás fieras y serpientes!* NVI] [*Sobre el león y la cobra pisarás; hollarás al cachorro de león y a la serpiente.* LBLA]

Sobre el león y el áspid pisarás.[187] Pisotearás por igual a los adversarios más arrogantes como a los más

---

[184] 2ª Crónicas 29:15.
[185] 1ª Corintios 3:2.
[186] Romanos 8:32.
[187] El texto griego de la Versión griega de los LXX o *Septuaginta* lee: ἐπί ἀσπίς καί βασιλίσκος ἐπιβαίνω que la *Vulgata* traduce

traicioneros, y marcharás victorioso tanto sobre la fuerza como sobre la astucia. Cuando nuestro calzado es de
hierro y bronce,[188] los leones y víboras caen fácilmente
aplastadas bajo nuestros tacones.

Hollarás al cachorro del león y al dragón.[189] Las peores fuerzas del mal son impotentes ante los hombres que
viven en Dios; visten una cota encantada, su vida está

---

literalmente: *"Super aspidem et basiliscum ambulabis"*, "Sobre el
áspid y el basilisco andarás". Pero el texto hebreo es muy claro
con la palabra שַׁחַל *šāḥal*. SCHÖKEL nos recuerda que en hebreo hay
cuatro palabras distintas para identificar al león, o cuatro especies
de leones; en este versículo figuran dos de ellas: שַׁחַל *šāḥal* y כְּפִי
kəpîr; las otras dos son אַרְיֵה *aryeh* (de donde deriva el nombre de
Ariel) y לַיִשׁ *layish.*
[188] Se refiere a Deuteronomio 33:25 *"Hierro y metal tu calzado, y
como tus días tu fortaleza"*, RVA. La KJV traduce de la misma manera. Las versiones más actuales traducen "cerrojos". En hebreo
מִנְעָלֶיךָ *min'āleḵā* de מִנְעָלִים *minal.* Spurgeon basa su simbolismo
en la KJV.
[189] Dice TERTULIANO [160-220] al respecto: «Este poder de dominio
sobre las alimañas, batallar con ellas y no sufrir daños, lo otorgó el
Padre primeramente a Cristo, como leemos en el Salmo 91: *"Sobre
el león y la cobra pisarás; al cachorro del león y a la serpiente
hollarás bajo tus pies".* Y el profeta Isaías se expresa en los mismos términos cuando afirma: *"En aquel día el Señor castigará con
su espada dura, grande y fuerte* [entendiendo por ella a Cristo] *al
leviatán serpiente veloz, y al leviatán serpiente tortuosa; y matará
al dragón que está en el mar"* (Isaías 27:1). Pero cuando el mismo profeta Isaías nos habla más adelante del camino que: *"será
llamado Camino de Santidad; no pasará el inmundo por él, sino
que él mismo andará con ellos; el que anduviere en este camino,
por torpe que sea, no se extraviará; y no habrá allí león, ni subirá
ninguna fiera por él; no se hallarán allí, para que lo recorran los
rescatados"* (Isaías 35:8-9), se está refiriendo al camino de la fe; y
en ese camino ya no hay necesidad de batallar con animales dañi-
nos, porque han sido ya aplastados y subyugados».

resguardada milagrosamente y desafían con osadía los peores males.[190] Sus pies entran en contacto con los peores enemigos, y aunque el Satanás les mordisquee el talón, en Cristo Jesús tienen la segura esperanza de aplastarlo bajo sus pies.[191] El pueblo de Dios es el verdadero «San Jorge y el dragón»[192], los creyentes en Cristo Jesús son los verdaderos domadores de leones y encantadores de serpientes. Y su dominio absoluto sobre los poderes de las tinieblas

---

[190] Dice al respecto MATTHEW HENRY [1662-1714] en su "Comentario a toda la Biblia": «El salmista cita los animales que simbolizaban los mayores peligros (el león... el áspid... el dragón) para incluir en ellos todo peligro posible. Cristo ha quebrantado la cabeza de la serpiente infernal (Génesis 3:15) y ha despojado a nuestros enemigos espirituales (Colosenses 2:15). Puede también aplicarse al cuidado especial de la Providencia para que no nos dañen las fieras (Ver Job 5:23) y aun para que hallemos los medios de domesticarlas (Santiago 3:7)».

[191] Romanos 16:20.

[192] Se refiere a la leyenda de *San Jorge y el dragón,* mito ampliamente extendido por toda Europa y que ha convertido a San Jorge en el patrón de muchos y muy distintos lugares. Aunque los detalles cambian según la localidad donde se escucha, la leyenda básicamente cuenta la historia de un pueblo asolado por un dragón. Los habitantes del lugar sacrificaron su ganado hasta terminar con él, de modo que para evitar que el dragón arrasara el pueblo, empezaron a enviar personas. Para que el sacrificio fuera justo, las personas se escogían al azar, y un día le tocó a la hija del rey. Unas versiones cuentan que el rey ofreció una recompensa, otras que el lamento del pueblo lo atrajo, otras que fue casualidad. Pero en todas, San Jorge se interpuso en el camino del dragón y la princesa y mató a la bestia. Hay quien afirma que la base del mito se sitúa en Silca, territorio que actualmente ocupa Libia, y que fue San Jorge de Capadocia [175-303], soldado romano y mártir cristiano, el caballero que originó la leyenda. Como consecuencia, los agradecidos habitantes de la ciudad habrían abandonado el paganismo para abrazar el cristianismo, y por ello San Jorge fue declarado santo.

les hace exclamar: *"Señor, aun los demonios se nos suje-tan en tu nombre"*[193].

C. H. SPURGEON

Sobre el león y el áspid pisarás; hollarás al cachorro del león y al dragón.[194] ¿En qué beneficia al pie del hombre pisar leones y serpientes? ¿Qué naturaleza humana puede mantenerse firme y cómoda encima de tales monstruos? El salmista no habla de animales físicos, sino de cuatro *tentaciones,* cuatro impulsos malignos de carácter moral y espiritual. Y las describe con nombres muy apropiados: El león, el áspid, el basilisco[195] y el dragón. Pues

---

[193] Lucas 10:17.

[194] AGUSTÍN DE HIPONA [353-429] hace sobre este versículo el siguiente comentario: «*"Al león* (…) *y hollarás al dragón".* El león simboliza el peligro abierto, el dragón el peligro oculto y agazapado. El león ataca de frente, el dragón acecha oculto. Y el diablo dispone de la fuerza del uno y la astucia del otro. Durante las persecuciones, cuando los mártires eran asesinados en los circos, adoptaba la forma de león rugiente. Ahora, oculto entre los que insidian infiltrando herejías, toma la forma de dragón agazapado. La Iglesia venció al león; y vencerá también al dragón. ¡Cristiano, el león no logró doblegarte; no dejes que ahora el dragón te engañe! Pedro, exhortando a los mártires, les dice: *"Estad alerta. Vuestro adversario, el diablo, anda al acecho como león rugiente, buscando a quién devorar"* (1ª Pedro 5:8, LBLA). El propio Señor advirtió sobre los herejes: *"Se levantarán falsos Cristos y falsos profetas, y mostrarán grandes señales y prodigios, para así engañar, de ser posible, aun a los escogidos"* (Mateo 24:24)».

[195] BERNARDO DE CLARAVAL [1090-1153] escribía en plena Edad Media, y utiliza el término "basilisco" según figura en la Versión griega de los LXX o *Septuaginta,* aunque el Texto Masorético dice claramente: שַׁחַל *šāḥal* y כְּפִיר *kephir,* en ambos casos "león". El basilisco era un animal legendario al que se atribuía la propiedad de

cada uno tiene su forma de infundir temor y causar daño: uno con su rugido, el otro con su mordisco, el tercero con su mirada, y el cuarto con su aliento (…) Consideremos pues la mejor forma de hacerles frente: con *cuatro virtudes*. Cuando el león ruge ¿quién no siente un escalofrío? Quien no lo sienta debe ser sin duda persona muy *valiente*. Pero cuando el león se retira fracasado, el dragón acecha esperando alcanzar el alma con su aliento venenoso, deslumbrándola con el brillo de las cosas terrenales. ¿Creéis que alguien puede escapar a su astucia y evitar su fétido aliento? Nadie, a menos que sea una persona muy *prudente*. Pero mientras rechazáis los ataques de estos dos peligrosos enemigos, os asalta la confusión: ¡Zas!, el áspid aprovecha la tensión para saltaros encima tratando de clavaros sus dientes letales; ha esperado pacientemente la ocasión y la ha encontrado. ¿Y quién puede decir honestamente que no se siente inquieto con un áspid enroscado al cuello? Únicamente quien sobreabunda en *templanza* y modestia, el que no anhela más de lo que tiene. Pero aún hay más. Mientras batalláis arduamente para quitaros el áspid de encima, aparece el basilisco, el Ojo Maligno que busca encandilaros con su mirada. ¿Y quién será capaz de girar la cabeza ante tan irresistible mirada? En verdad,

---

matar con la mirada, y los bestiarios medievales lo describen como una bestia extraña, semejante a una lagartija pero con cabeza de gallo y un solo ojo redondo sin párpado en la frente. Afirman que podía esconderse en cualquier recoveco y aparecer de súbito frente a una persona, la cual, si fijaba su mirada a su ojo único, podía morir de inmediato o quedar ciega. Bernardo recoge estas leyendas y utiliza ese imaginario en su exposición para compararlo al "Ojo del Maligno". Las otras dos palabras que utiliza el texto hebreo para referirse a reptiles son פֶּתֶן *pethen,* aparentemente aplicable a cualquier ofidio venenoso, y תַּנִּין *tannín,* un tipo de monstruo o dragón marino legendario cuya especie se desconoce.

solo el hombre *justo,* el que obra con justicia, y no delante
de los hombres,[196] el que además de obrar con justicia, no
se jacta de ello. Pues esta última virtud consiste más que
otra cosa en humildad que purifica la intención; la virtud
de la justicia, cuanto más pura y genuina, más meritoria
resulta, porque hace que se arrogue menos a ella misma.

BERNARDO DE CLARAVAL [1090-1153]

Sobre el león y el áspid pisarás. La palabra hebrea para
áspid es פֶּתֶן *pethen,* y en la antigüedad por su grado de
peligro para el viajero se la equiparaba al león (…) No hay
duda de que el פֶּתֶן *pethen* de la Escritura se corresponde
con la cobra de Egipto.

JOHN GEORGE WOOD [1827-1889]
"Bible Animals", 1869

Pisarás (…) *hollarás.* Los pisarás no accidentalmente,
como un caminante pisa una víbora o una serpiente en el
camino; sino intencionadamente, como conquistador, los
pisarás para dar testimonio de tu dominio sobre ellos. Este
es el verdadero significado de estas palabras, que confirma
el Señor Jesús en el evangelio de Lucas cuando promete a sus discípulos que harían grandes cosas, entre ellas
*"potestad de hollar serpientes y escorpiones y sobre toda
fuerza del enemigo, y nada os dañará"*[197], es decir, poder para triunfar sobre cualquier cosa que les inquiete o
cause molestia. El veneno de la serpiente, ya sea literal o
en sentido místico, es dañino en gran manera. Mas, como
asegura el apóstol a todos los creyentes *"el Dios de paz*

---

[196] Mateo 6:1.
[197] Lucas 10:19.

aplastará en breve a Satanás (la serpiente antigua) *bajo vuestros pies*"[198].

JOSEPH CARYL [1602-1673]

El dragón. La palabra hebrea וְתַנִּין *waṭannîn* de תַּנִּין *tannin* se utiliza indistintamente para identificar y describir varias cosas: (1) *monstruos marinos,* (2) *serpientes,* (3) *fieras salvajes o pájaros* característicos de parajes desolados, y (4) *a Faraón* y *a Nabucodonosor,* figuras de los enemigos del Señor, uno como cabeza representativa del poder de Egipto y el otro como cabeza visible del imperio de los caldeos. El sentido general del término es el de una criatura monstruosa, bien sea de las aguas o de la tierra, e identificarla con una u otra depende del contexto.

JOHN DUNS [1820-1909]
"Biblical natural science: being the explanation of all
references in holy scripture to geology, botany, zoology,
and physical geography", 1868

Hollarás al cachorro del león y al dragón. ¿Pero qué es lo que se le dice a Cristo?: *"Pisarás al león y al dragón".* *León,* por su furia evidente; *dragón,* por su asechanza encubierta.

AGUSTÍN DE HIPONA [353-429]

Vers. 14. *Por cuanto en mí ha puesto su amor, yo también lo libraré; le pondré en alto, por cuanto ha conocido mi nombre.* [Por cuanto en mí ha puesto

---

[198] Romanos 16:20.

*su amor, yo también lo libraré; le pondré en alto, por
cuanto ha conocido mi nombre.* RVR*] [Yo lo libraré,
porque él se acoge a mí; lo protegeré, porque reconoce
mi nombre.* NVI*] [Porque en mí ha puesto su amor, yo
entonces lo libraré; lo exaltaré, porque ha conocido mi
nombre.* LBLA*]*

Por cuanto en mí ha puesto su amor. Es el propio Señor quien habla aquí en referencia a su escogido: *"Por
cuanto en mí ha puesto su amor, yo también lo libraré"*.
No por sus propios méritos, o porque mereciera tal protección, sino porque a pesar de todas sus imperfecciones
amaba a Dios. Y en consecuencia, no solo los ángeles de
Dios, sino incluso el Dios de los ángeles irá en su rescate
si es neccsario en los momentos de peligro, y le librará
sin falta. Cuando un corazón está enamorado del Señor,
arrebatado por él y ligado intensamente a él, el Señor reconoce esa llama sagrada y preserva a todo aquel que le
lleva en su seno. La marca distintiva de aquellos a quienes
Dios protege de todo mal es el amor, el amor a Dios.

Le pondré en alto,[199] *por cuanto ha conocido mi nombre.* Ha empezando conociendo los atributos divinos que
lc han llevado a confiar en él; y luego, mediante la experiencia, ha alcanzado un conocimiento superior, más
profundo todavía dc su Hacedor. Y el Señor, que ve esto
como una prueba de compromiso y garantía de su gracia,
le corresponde situándole por encima de todo peligro y temor, donde habitará en gozo y paz. Nadie alcanza a morar

---

[199] El texto griego de la Versión griega de los LXX o *Septuaginta*
lee: ῥύομαι αὐτός σκεπάζω αὐτός y la *Vulgata: "liberabo eum,
protegan eum"*, "lo libraré, lo protegeré". Pero el sentido del verbo
hebreo אֲשַׂגְּבֵהוּ *'ăśaggəḇêhū* en el Texto Masorético, de שָׂגַב *sagab*,
"exaltar", está muy claro: *lo pondré en alto*.

en íntima comunión con Dios si no siente primero en su interior un afecto incontenible hacia Dios y una confianza razonada en él; estos dones de la gracia son preciosos a los ojos del Señor, y dondequiera que los ve les sonríe. ¡Qué encumbrada es la posición, qué elevado el pedestal donde el Señor coloca al creyente! Debemos ambicionarlo en justicia y suspirar por él. Si tratamos de encumbrarnos por nosotros mismos, peligramos; pero si es el Señor quien nos coloca allí, el resultado es glorioso.

C. H. Spurgeon

Por cuanto en mí ha puesto su amor. La Vulgata traduce *"Por cuanto en mí ha esperado"*[200]. No importa cuánto me sea preciso hacer, no importa lo que deba elegir, no importa lo mucho a que tenga que renunciar, no importa lo que me sea necesario soportar, *"tú, oh Señor, eres mi esperanza"*. Esta es la razón y única causa de todas mis promesas: *"Por cuanto en mí ha esperado"*. Dejad que otros expongan todos sus méritos, que se jacten de haber soportado la fatiga y el calor del día, que presuman de que ayunan dos veces durante el *Sabbath,* que se gloríen si quieren de no ser como los demás hombres;[201] a mí me basta con apegarme a Dios, con poner toda mi esperanza en mi Señor. Que pongan los demás su esperanza en otras cosas si ese es su deseo: unos en sus conocimientos, otros en sus títulos o en su sabiduría mundanal; unos en su linaje, otros en su cargo y dignidad, y la mayoría en cualquier cosa vana. Yo todas estas cosas *"helas*

---

[200] *"Quoniam in me speravit liberabo eum".*
[201] Lucas 18:19-14.

reputado pérdida por amor a ti "[202], puesto que tú, Señor, eres mi esperanza.

BERNARDO DE CLARAVAL [1090-1153]
citado por THOMAS LE BLANC [1617-1669]
en *"'Psalmorum Davidicorum Analysis' in qua aperte cernitur singulis in Psalmis ordinem esse admirabilem: adjungitur commentarius amplissimus"*, 1645

Por cuanto en mí ha puesto su amor, yo también lo libraré. Fijémonos bien en la contrapartida: *"Por cuanto en mí ha puesto (…) yo también"*. Así como en la Ley hay siempre una razón y su correspondiente consecuencia, un *"por cuanto"* y un *"por tanto"*, concluyendo que la muerte es la consecuencia del pecado; hay un *"por cuanto"* y *"por tanto"* en la gracia y en el evangelio que relaciona gracia con gracia, e incluso gracia por gracia; de una gracia otorgada se infiere otra gracia a recibir. Tal es el caso en este texto: *"Por cuanto en mí ha puesto su amor, yo también lo libraré"*.

DAVID DICKSON [1583-1663]
"A Brief Explication of the Psalms from L to C", 1655

Por cuanto en mí ha puesto su amor, yo también lo libraré. No dice: "es digno de ser librado y protegido por cuanto no tiene pecado; por cuanto ha guardado a la perfección todos mis preceptos; o por cuanto tiene sobrados méritos"; sino: *"por cuanto en mí ha puesto su amor"*. El motivo es la acción más simple, la cualidad más elemental, aquella que resulta habitual y se da incluso en los más débiles, en los imperfectos y en los que siguen todavía

---

[202] Filipenses 3:7, RVA.

expuestos a pecar en la carne. A saber: amor, apego, adhesión, conocimiento de su nombre y oración.

WOLFGANG MUSCULUS [1497-1563]
"In Sacrosanctum Davidis Psalterium Commentarii", 1573

Por cuanto en mí ha puesto su amor. En el amor de un creyente iluminado por la gracia divina, encontramos:

1. *La dulce cualidad de la gratitud.* El alma tiene una visión clara, justa y precisa de la salvación que por el nombre de Jesús le es otorgada. De los males de los que ha sido librada; las bendiciones que tiene a mano y las que espera disfrutar; de la salvación en el tiempo y la salvación en la eternidad, de las que goza ya ahora y gozará eternamente en el nombre de Jesús. Y esto provoca en ella los más ardientes sentimientos de gratitud.

2. *La más profunda admiración.* Otro ingrediente deleitoso en este combinado de amor es la admiración. En el esquema y ejecución del plan divino de redención, todo es admirable. Todo lo que el Señor Jesús es en sí mismo, todo lo que ha hecho, todo lo que hace ahora y todo lo que ha prometido que hará por los suyos, merece la más calurosa admiración. Y este sentimiento santo brota de forma espontánea e inevitable en el pecho de aquel de quien el Señor puede decir *"por cuanto en mí ha puesto su amor".*

3. *Una deleitosa satisfacción.* Otro ingrediente importante en este amor esclarecido del creyente es la complacencia. Ninguna cosa puede aportarnos satisfacción de modo pleno, a menos que la poseamos o estemos persuadidos de que alcanzaremos a poseerla. Puedo ir de visita al palacio del más opulento monarca en el mundo, y quedarme atónito ante maravillas que contemple, pero ello no provocará en mí ningún sentimiento de satisfacción. ¿Por qué? Porque no tengo interés personal en tales cosas

ni razón para tenerlo; ni son mías, ni llegarán a serlo, por tanto, no encuentro en ellas satisfacción ni deleite. Pero el amor cristiano (como dice Mr. Baxter[203]) es un amor que deleita, porque en el Señor está todo aquello que es de valor infinito y admiración eterna; y por tanto da pie a un sentimiento que nos emociona y satisface: pues todo aquello que admiro, puedo, en cierto modo, poseerlo. El ojo visionario de los favoritos de Dios ve en el Señor todo lo necesario para suplir sus necesidades, todo lo preciso para satisfacer hasta el último de sus deseos: todo es suyo; y ello hace que el alma se deleite en el Señor y repose en su amor. En consecuencia, el Señor dice de aquellos que son objeto de su magnanimidad que *"por cuanto en mí han puesto su amor";* es decir, han renunciado al pecado como la mayor abominación; han apartado su corazón de toda atadura idólatra ligada a la criatura, y lo han situado fija y soberanamente en Dios: *"yo también lo libraré".*

WILLIAM DAWSON [1773-1841]
Predicador Metodista

---

[203] Se refiere a al predicador y escritor RICHARD BAXTER [1615-1691], uno de los teólogos puritanos más conocidos y reputados. Ordenado diácono en 1638 por el obispo JOHN THORNBOROUG [1551-1641] de Worcester, fue director de la "Escuela Richard Foley" de Dudley en 1639, y maestro adjunto en Bridgnorth de 1639 a 1641. Allí se dedicó a estudiar las diferencias entre la Iglesia de Inglaterra y los no-conformistas, y acabó inclinándose por estos últimos, rechazando el gobierno episcopal de la Iglesia. Su nombre está asociado de manera especial a la ciudad de Kidderminster (2000 habitantes en aquella época), donde ejerció un notable trabajo pastoral y misionero, entre 1641 y 1660. Escribió constantemente, y a lo largo de toda su vida publicó más de 200 obras (varias de las cuales han sido publicadas por CLIE en español), por lo que es considerado como es uno de los teólogos británicos más prolíficos.

Por cuanto en mí ha puesto su amor. Hay una expresión similar que utilizamos en nuestro lenguaje diario y que significa que concentramos todas nuestras energías en algo concreto. Solemos decir: "He puesto todo mi corazón en tal o cual cosa". Esto es lo que Dios demanda de nosotros: un amor intenso, apasionado, un amor exclusivo, entregado de todo corazón. Debemos amarle *"con todo nuestro corazón, y con toda nuestra alma, y con toda nuestra mente"*[204] para que como Jesús nos *"deleitemos en hacer su voluntad"*[205]. Pensad hasta qué punto poner nuestro corazón en alguien o en algo, condiciona todo nuestro comportamiento: Nuestra mente, nuestras manos, nuestros pies, nuestros pensamientos, nuestras acciones; todo se pone en juego y se coordina para lograr el fin propuesto. Cuando nuestro corazón se enamora nos sentimos dispuestos a sacrificarlo todo: posición social, dinero, comodidades, facilidades, ventajas, incluso la salud si es preciso, con tal de lograr lo antes posible nuestro acariciado deseo. ¿Podemos, por tanto, afirmar propiamente que *"hemos puesto nuestro corazón en Dios"*? Sin duda, la manera en la que cada uno de nosotros reacciona cuando ponemos nuestro corazón en algo difiere, pues la personalidad y temperamento de cada uno son distintos; la manera de reaccionar ante un deseo, según hemos descrito, no es más que un esbozo a grandes rasgos. Cada cual conoce sus propias reacciones y capacidades, pero Dios conoce bien las reacciones y el marco de posibilidades de cada uno, y exige de cada cual lo mejor. Y hay algo en este versículo que puede infundirnos mucho ánimo: no es en correspondencia al grado de *perfección* del amor que Dios promete

---

[204] Mateo 23:37; Josué 22:5.
[205] Juan 4:34.

liberación; no es el *grado* de nuestra voluntad de amarle y servirle lo que acarrea la promesa: es la simple acción de *poner* en él nuestro amor, *poner* en él nuestro corazón, adoptar en nuestro interior el propósito de apegarnos a él.

MARY B. M. DUNCAN [1825-1865]
"Under the shadow of the Almighty", 1867

Le pondré en alto.[206] Esto es, le situaré en un lugar inaccesible o encumbrado, que equivale a decir: le libertaré. Cuando los hombres descubren realmente que Dios es un Dios libertador, ponen en él su confianza y le invocan. Y Dios exalta y libra a todo el que lo invoca.

FRANCISCUS VATABLUS [C.1493-1547]
"Liber Psalmorum Davidis", 1557

Le pondré en alto, por cuanto ha conocido mi nombre. En el conocimiento de Dios, en sus atributos y en su Cristo, hay una seguridad monumental. Según leemos en Proverbios, la seguridad del hombre consiste en refugiarse en la torre fuerte[207] del nombre del Señor: corre hacia ella y está a salvo. Y conocer esa torre es lo que hace que el hombre corra hacia ella. Así pues, el conocimiento de Dios es seguridad: *"le pondré en alto"*, le exaltaré, y entonces estará a salvo. ¿Y por qué? *"Por cuanto ha conocido mi nombre"*. Conocer a Dios es lo que nos lleva a correr hacia él, y cuando lo hacemos somos exaltados y puestos en alto. Allí estamos seguros, porque hemos hecho del nombre de Dios, que es torre fuerte, nuestra propia torre y hemos logrado que Dios sea nuestro Dios. Pues en

---

[206] En hebreo אֲשַׂגְּבֵהוּ *'ăśaggəḇêhū* de שָׂגַב *sagab*, "exaltar".
[207] Proverbios 18:10.

cuanto conocemos a Dios, hacemos de él nuestro Dios, y de su torre fuerte nuestra torre: *"Y les daré corazón para que me conozcan que yo soy Jehová; y me serán por pueblo, y yo les seré a ellos por Dios; porque se volverán a mí de todo su corazón"*[208].

JEREMIAH DYKE [1584-1639]
"The Righteous Man's Tower"

Por cuanto ha conocido mi nombre. La antigua costumbre de los judíos de mantener el nombre de יְהֹוָה *Yahweh* como secreto reservado exclusivamente para ellos, considerándolo demasiado santo para ser pronunciado en las conversaciones comunes y evitando así que fuera tomado en vano por los paganos a su alrededor, arroja mucha luz sobre esta frase. El *"nombre"* era conocido únicamente por los judíos (...) Por tanto, cualquiera que sea el origen de las expresiones *"conocer Su nombre"*, *"confiar en Su nombre"* y *"creer en Su nombre"*, es evidente que su significado estriba en lo que revelan con respecto a Dios, lo que a través de ellas da a conocer de sí mismo. Su Palabra, su Providencia y, por encima de todo, su Hijo, van incluidos en ese concepto: *"Su nombre"*, un nombre que nosotros debemos conocer, y en el que debemos creer y confiar. Por tanto, *"conocer Su nombre"* es conocerle a él tal y como nos es revelado en el Evangelio.

MARY B. M. DUNCAN [1825-1865]
"Under the shadow of the Almighty", 1867

Por cuanto ha conocido mi nombre. El amor genuino hacia Dios fluye de y se junta con el conocimiento genuino

---

[208] Jeremías 24:7.

y válido de Dios, en la medida en que su divina majestad nos es expuesta y declarada en la Escritura: el creyente que ha puesto su *amor* en Dios *"ha conocido Su nombre"*.

DAVID DICKSON [1583-1663]
"A Brief Explication of the Psalms from L to C", 1655

Vers. 14-16. *Por cuanto ha conocido mi nombre*. Basándome en las palabras de este texto, voy a hablaros del personaje más maravilloso y deseable que existe bajo el sol. Y os lo quiero presentar para animaros a que lo busquéis, hasta que vosotros obtengáis también la misma bienaventuranza. El personaje que os voy a presentar es el favorito de Dios, destinatario preferente de la *"misericordia del Señor"*[209]. Y cuando leemos estos versículos del Salmo 91, vemos en ellos dos cosas de ese personaje que atraen de manera especial nuestra atención: en *primer lugar*, lo que el Señor *dice de él;* y en *segundo lugar,* lo que el Señor *le dice a él*. De modo que, mis queridos amigos, prestad mucha atención, porque aquí tenemos a nuestro personaje... ante ustedes... ¡El favorito de Dios!

1. Escuchad lo que Dios *dice de él:*
   a. Dice de él que *"conoce mi nombre"*. La primera norma que Dios establece para que el alma caída del hombre pueda alcanzar la vida es conocimiento: espiritual y divino. La primera de las acciones que el Espíritu Santo realiza en la obra de salvación es llevar el alma a la convicción del carácter y perfecciones de Dios, y la necesidad de restablecer sus relaciones con él. El Señor dice *"conoce mi nombre"*; esto es: conoce mi

---

[209] Salmo 35:5; 103:17.

nombre como ser omnisciente, omnipresente, santo, justo y verdadero.

i. El favorito del Señor conoce su nombre, en primer lugar, como un Dios que aborrece y venga el pecado; y este conocimiento es el medio que le conduce a un profundo sentido de su corrupción personal: a admitir su culpa y su situación *precaria* y peligrosa como pecador.

ii. Pero el favorito del Señor conoce también su nombre según fue revelado a Moisés, como *"¡El Señor! ¡El Señor! Dios fuerte, misericordioso y piadoso; tardo para la ira, y grande en misericordia y verdad; que guarda misericordia a millares, que perdona la iniquidad, la rebelión y el pecado"*[210]. Conoce el nombre del Señor encarnado en el nombre de Jesús, que: *"salvará a su pueblo de sus pecados"*[211]. Los *destellos blancos* de la santidad divina (permitidme expresarlo de esa manera), hacen que el pecador vea su corrupción, su culpa y deformidad; los *destellos rojos* de su justicia, le llevan a constatar su inminente e indescriptible peligro; y mediante los *destellos rosados,* suaves y benignos de su misericordia, descubre un fundamento de esperanza: que hay perdón para sus delitos, por graves que estos sean. Pero es en el rostro de Nuestro Señor Jesucristo donde Dios se manifiesta del modo más deleitoso. Por esto, a cada alma que ha sido salva, podemos recitarle lo que Pablo decía a los corintios: *"Porque Dios, que mandó que de*

---

[210] Éxodo 34:6-7.
[211] Mateo 1:21; Salmo 130:8.

las tinieblas resplandeciese la luz, es el que res-
plandeció en nuestros corazones, para ilumina-
ción del conocimiento de la gloria de Dios en la
faz de Jesucristo "²¹². Así como todos los colores
del Arco Iris se funden en un solo haz de luz
blanca, todas las perfecciones de Dios se unen
y brillan con mayor hermosura sobre el alma
del creyente arrepentido en la persona y obra de
Cristo. El conocimiento de la salvación es vital,
eficaz y poderoso.

WILLIAM DAWSON [1773-1841]
Predicador Metodista

Vers. 14-16. Seis promesas de Dios en los versículos
del 14 al 16 del Salmo 91:
1. Le libraré (91:14).
2. Le pondré en alto (91:14).
3. Le responderé (91:15).
4. Le glorificaré (91:15).
5. Le saciaré (91:16).
6. Le mostraré mi salvación (91:16).

ANÓNIMO

Vers. 15. *Me invocará, y yo le responderé; con él esta-*
ré yo en la angustia; lo libraré y le glorificaré. [Me invo-
cará, y yo le responderé; con él estaré yo en la angustia;
lo libraré y le glorificaré. RVR] [Él me invocará, y yo le
responderé; estaré con él en momentos de angustia; lo
libraré y lo llenaré de honores. NVI] [Me invocará, y le

---

²¹² 2ª Corintios 4:6.

responderé; yo estaré con él en la angustia; lo rescataré y lo honraré. LBLA]

Me invocará, y yo le responderé.[213] Sentirá en su interior la necesidad de orar, será guiado y conducido a orar correctamente, y la respuesta a esa oración vendrá con certeza absoluta. Los santos son primero "llamados por Dios" y después "invocan ellos a Dios". Y estas invocaciones siempre obtienen respuesta. Sin oración no hay bendición posible, siquiera para los más favorecidos; sin embargo, a través de la oración, se transforman en receptores de todo bien.

Con él estaré yo en la angustia. O también *"Estoy con él en la angustia".* Los herederos del cielo son conscientes, en momentos de severa tribulación, de una presencia divina especial. Dios se mantiene en conmiseración y poder cercano a todos aquellos a quienes somete a pruebas

Lo libraré y le honraré. Aquel que honra a Dios es honrado por Dios. Los creyentes no son preservados en una forma que los rebaje haciendo que se sientan humillados

---

[213] Dice al respecto AGUSTÍN DE HIPONA [353-429]: «En el día de la angustia, no temas cual si el Señor te hubiera abandonado. Ejercita tu fe y descubrirás que sigue a tu lado en medio de la tribulación. Cuando los discípulos navegaban en medio de la tempestad y su frágil embarcación estaba a punto de zozobrar, Cristo seguía a su lado, aunque dormía. ¿Y qué tuvieron que hacer? Despertarle, esto es, invocarle: *"¡Señor, sálvanos, que perecemos!"* (Mateo 8:24-25). Puede que tu fe esté dormida en tu corazón y por ello tengas la sensación de que Cristo está dormido en la barca de tu vida, pues Cristo habita en ti por medio de la fe. Cuando comiences a sentirte inquieto y perturbado por la angustia, despierta tu fe, invoca a Cristo que duerme en tu barca, y descubrirás que no te ha abandonado».

o degradados. Todo lo contrario, la salvación del Señor siempre cubre de honores a aquellos a quienes libera. Dios nos concede primero la gracia necesaria para vencer, y a continuación nos recompensa por ella.

C. H. Spurgeon

Me invocará, y yo le responderé.[214] A menudo una concepción errónea del significado exacto del término *"responder"* nos desanima, porque tomamos solo su acepción de otorgar o *"conceder"*. Deberíamos tener en cuenta que responder no implica necesariamente una aquiescencia, un consentimiento condescendiente. Puede ser también una negativa, un rechazo, una explicación, una promesa futura, una concesión condicional. En realidad, el mero hecho de *prestar atención a nuestra petición*, ya es responder. Deberíamos recordar que antes de que clamemos él ya nos habrá respondido, y mientras estemos aún hablando ya nos habrá oído.[215]

Mary B. M. Duncan [1825-1865]
"Under the shadow of the Almighty", 1867

Estaré con él en la angustia; lo rescataré y lo honraré. Dice el Señor: *"Estaré con él en la angustia"*. Y siendo así, ¿debo en momentos de dificultad buscar otra cosa? Lo mejor para mí es aferrarme a Dios, es lo que más me interesa. Y no solo aferrarme a él, sino también poner en él toda mi esperanza, puesto que dice: *"lo rescataré"* y añade: *"lo llenaré de honores"*. *"Estaré con él en la angustia"*. *"Mis delicias* –dice– *son con los hijos*

---

[214] En hebreo יִקְרָאֵנִי וְאֶעֱנֵהוּ *yiqrā'ênî wə'e'ěnêhū*.
[215] Isaías 65:24.

de los hombres"[216]. Esto es Emmanuel, Dios con nosotros.[217] *"¡Salve, muy favorecida!"* –dijo el ángel a María– *el Señor es contigo"*[218]. En la plenitud de la gracia, Dios está con nosotros; en la plenitud de la gloria, nosotros estaremos con él. Descendió de los cielos para estar cerca de aquellos que tienen el corazón angustiado, para permanecer a nuestro lado en nuestras dificultades (…) ¡Cuánto más prefiero, Señor, sentir angustia estando a tu lado, padecer tribulaciones con tal de que tú estés junto a mí, que gobernar un reino lejos de ti, que festejar ausente de tu compañía, que recibir los mas grandes honores sin tu presencia! Valoro más el sentirme abrazado por ti en la tribulación, tenerte a mi lado en el horno de la aflicción, que permanecer sin ti aun cuando esté en el cielo. Pues, *"¿A quién tengo yo en los cielos sino a ti? Y fuera de ti nada deseo en la tierra"*[219]. El crisol pone a prueba el oro, y la tentación de la angustia a los hombres justos.

BERNARDO DE CLARAVAL [1090-1153]

Estaré con él en la angustia. Dios ha prometido reiteradamente su presencia al lado de los santos que sufren. Y si contamos con semejante amigo para que nos visite en prisión, seguro que no nos va a ir mal; pues aunque nos cambien de encierro, no vamos a cambiar de protector: *"Estaré con él."* Cuando desfallezcamos ¡Dios sostendrá nuestra cabeza, y lo que es más importante, nuestro corazón! ¿Y si nuestras aflicciones aumentan, se intensificará también la presencia y la compañía de Dios? Dios tiene

---

[216] Proverbios 8:31.
[217] Isaías 7:14.
[218] Lucas 1:28.
[219] Salmo 73:25.

su honor en muy alta estima; y no favorecería a su honor abocar a sus hijos a sufrimientos y luego abandonarlos. Cuando surjan nuevas tribulaciones, él estará junto a ellos para infundirles ánimo y darles soporte. Como leemos en el libro de Job: *"De seis aflicciones te rescatará, y la séptima no te causará ningún daño"*[220].

THOMAS WATSON [1620-1686]

Estaré con él en la angustia. Aquí habla Dios de nuevo y lo hace como haría una dulce madre con su hijo enfermo. Mientras el bebé está saludable, no tiene reparo en dejarlo en manos de una niñera, pero, cuando está enfermo, lo cuida personalmente y le dice: 'Dedícate a otros menesteres, yo misma vigilaré y cuidaré al niño'. Y si escucha el más leve gimoteo, vuela hacia la cuna, toma el niño en brazos, lo besa con sus labios, y dejando caer una lágrima sobre su rostro, le pregunta: 'Hijo de mi alma, ¿qué puedo hacer por ti? ¿Cómo puedo aliviar tu dolor y aminorar tus sufrimientos? No llores, porque me rompes el corazón. Son los brazos de tu madre los que te abrazan; es el regazo de tu madre en el que reposas; es la voz de tu madre la que te habla; no temas, es tu madre la que está contigo'. así es también como habla el Señor a sus hijos cuando se encuentran afligidos. *"Estaré con él en la angustia".* No hay madre que pueda igualar la empatía de Dios con su pueblo que sufre. ¡No! Aun cuando todo el amor que haya habido en el corazón de todas las madres que han existido en el mundo pudiera concentrarse en un solo corazón de una sola madre, no alcanzaría a poder compararse con el amor de Dios para su pueblo; no más

---

[220] Job 5:19, NVI.

de lo que una luciérnaga pueda compararse con el sol del mediodía. ¡Oh, qué frase tan deleitosa: *"Estaré con él en la angustia"*! En otras ocasiones, Dios deja a sus hijos en manos de sus ángeles *"Pues a sus ángeles dará ordenes acerca de ti, que te guarden en todos tus caminos. En las manos te llevarán, para que tu pie no tropiece en piedra"* (91:11,12). Pero cuando sufren, cuando están en medio de la aflicción, dice a sus ángeles 'Haceos a un lado, yo me ocuparé personalmente.' *"Estaré con ellos en la angustia"*. Así dice a su pueblo: *"Cuando pases por las aguas, yo estaré contigo; y si por los ríos, no te anegarán. Cuando pases por el fuego, no te quemarás, ni la llama arderá en ti. Porque yo Jehová, Dios tuyo, el Santo de Israel, soy tu Salvador"*[221]. Cuando languidezcan en la enfermedad, él hará su cama y mullirá su almohada; cuando pasen por el valle de sombra de muerte, el Señor estará con ellos y podrán cantar: *"Aunque ande en valle de sombra de muerte, no temeré mal alguno, porque tú estarás conmigo; tu vara y tu cayado me infundirán aliento"*[222]. Él está a su lado, cual médico de cabecera y enfermera asignada, en el dolor y en la enfermedad: su fuente de fortaleza en la debilidad; su guía en la dificultad; su calmante para el dolor, y su esperanza de vida ante la muerte. *"Estaré con él en la angustia"*.

WILLIAM DAWSON [1773-1841]
Predicador Metodista

Vers. 16. *Lo saciaré de larga vida, y le mostraré mi salvación.* [Lo saciaré de larga vida, y le mostraré mi salvación. RVR] [Lo colmaré con muchos años de vida y le

---

[221] Isaías 43:2,3.
[222] Salmo 23:4.

haré gozar de mi salvación. NVI] *[Lo saciaré de larga vida, y le haré ver mi salvación.* LBLA]

Lo saciaré[223] *de larga vida.* La clase de persona que se describe en este salmo, alcanza la medida de sus días,[224] y muera joven o en edad avanzada, se siente satisfecha de su existencia, y contenta de haber vivido.[225] Se levanta de la mesa del banquete de la vida cual comensal satisfecho que ha tenido suficiente y no desea hartarse aunque pudiera hacerlo.

Y le mostraré mi salvación. Su visión póstuma será la contemplación de la plenitud de la gracia divina. Mirará desde la cumbre de Amana y desde el Líbano.[226] No para ver ante sí destrucción negra como la noche, sino una salvación que le sonríe, tan brillante como el cenit del mediodía, mientras entra finalmente en su reposo.

C. H. Spurgeon

Lo saciaré de larga vida. San Bernardo[227] interpreta estas palabras como referentes al cielo porque considera que no son aplicables a nada temporal que tenga principio y fin.

---

[223] En hebreo אֹרֶךְ *'ōreḵ,* "longitud, largura".

[224] Salmo 39:4.

[225] Dice al respecto Matthew Henry [1662-1714] en su "Comentario a toda la Biblia": «*"Lo saciaré de larga vida"* quiere decir que continuará en este mundo hasta que haya llevado a cabo la obra para la que vino y esté completamente maduro para el Cielo. Una persona puede morir joven y, sin embargo, morir llena de días».

[226] Cantar de los Cantares 4:8.

[227] Se refiere a Bernardo de Claraval [1090-1153]. Ver nota 177 en este mismo salmo 91.

Y en esto radica el gozo del cielo: allí las almas benditas ya no pecan, jamás lloran, y no solo están con el Señor, sino que están con el Señor para siempre. Este es el acento peculiar que detectamos en las elegías sobre el cielo que encontramos en la Escritura. No se trata tan solo de *"una herencia"*, sino de una herencia *"incorruptible, que no se desvanece"*[228]; *"una corona de gloria"*[229], y además, una corona de peso, sí, de *"un cada vez más excelente y eterno peso de gloria"*[230] que una vez colocada sobre la cabeza del creyente jamás le puede caer ni nadie puede arrebatarle; un banquete, pero de tal naturaleza que el que se sienta a degustar sus manjares ya no tiene necesidad de levantarse.

WILLIAM GURNALL [1617-1679]

Lo saciaré de larga vida. Fijémonos aquí en el gozoso contraste entre este versículo y las lúgubres palabras del salmo anterior, el Salmo 90: *"Porque todos nuestros días declinan a causa de tu ira; acabamos nuestros años como un pensamiento. Los días de nuestra edad son setenta años; si en los más robustos son ochenta años, con todo, su fortaleza es molestia y trabajo, porque pronto pasan, y volamos"*[231]. La vida de Israel en el desierto fue acortada a causa de su desobediencia; la perfecta obediencia de Cristo en el desierto ganó para nosotros una inmortalidad bendita y gloriosa.

CHRISTOPHER WORDSWORTH [1774-1846]
"Commentary on the Whole Bible", 1856

---

[228] 1ª Pedro 1:4.
[229] 1ª Pedro 5:4.
[230] 2ª Corintios 4:17.
[231] Salmo 90:9,10.

Lo saciaré de larga vida, y le mostraré mi salvación.
La nota marginal[232] dice aquí: *"largura de días"*[233], en
cuyo caso la traducción sería *"Lo saciare de largos días"*;
la idea es: le concederé largura de días o multiplicaré sus
días según su deseo hasta que se sienta satisfecho o cansa-
do de vivir. Ello implica:

1. Que desear una vida larga es algo completamente
   natural y está de acuerdo con la Escritura.
2. Que una vida larga es algo que debe ser considerado
   como una bendición.[234]
3. Que la fe tiende a alargar la vida, puesto que la
   virtud, la templanza, la laboriosidad, el orden, la
   tranquilidad de mente, la moderación en todas las
   cosas, de manera especial en el comer y el beber,
   cosas a las que la fe cristiana invita y estimula, con-
   tribuyen a la salud física del cuerpo y por tanto a
   alargar la vida.
4. Que llegará un momento, aun disfrutando de esta
   prometida bendición de largos días, en que la persona se sentirá ya *"satisfecha"* con lo vivido y dejará
   de sentir el deseo imperioso de continuar viviendo.
   Un momento en el que abrumada por las enfermedades características de la edad avanzada, acuciada
   por los sentimientos de soledad derivados de que
   muchos de sus seres queridos, amigos y compañe-
   ros ya han partido; y estimulada por la idea de una
   esperanza gloriosa en el cielo, sentirá que ya ha tenido *suficiente,* que su vida aquí en la tierra ha sido
   lo bastante prolongada y que es mejor partir hacia

---

[232] Se refiere a la nota marginal en la versión inglesa KJV.
[233] En hebreo אֹרֶךְ יָמִים *'ōrek yāmîm,* de יוֹם *yom,* "día". Proverbios
3:2; 10:27.
[234] Proverbios 3:2,16; Éxodo 20:12.

su hogar celestial. *"Y le mostraré mi salvación"*: Sí, allá en la otra vida, en el cielo, una vez satisfecha de su sus días de vida aquí en la tierra.[235]

ALBERT BARNES [1798-1870]
"Notes, critical, explanatory, and practical, on the book of Psalms", 1868

Lo saciaré de larga vida. Esta promesa concerniente a la longitud de la vida contiene un don divino muy digno de tener en cuenta. Muchos son los enemigos –dice el Señor– que traman contra él y buscan acortar su vida, arrebatársela cuanto antes de la forma más rápida posible. Pero yo le protegeré y guardaré para que viva por largos días, hasta alcanzar una edad en la que, lleno de años, él mismo exprese su deseo de partir de este mundo.

GIOVANNI BATTISTA FOLENGO [1490-1559]
"In Psalmos Commentaria", 1540

Lo saciaré de larga vida.

La vida son hechos, no años; pensamientos, no respiraciones;
sentimientos, no cifras en una esfera.
Deberíamos contar el tiempo en latidos del corazón. Vive más

---

[235] Puedo testificar de esta experiencia en el caso real de mi propia madre, LIDIA VILA [1914-2014]. Poco después de cumplir los 100 años de edad (cosa que, como ella sabía, tenía muy ilusionada a la familia) nos dijo esta misma palabra: *"Suficiente"*. Al cabo de pocos días, y en el mismo día en que veintidós años atrás había partido mi padre, el primer domingo de marzo, mientras dormía plácidamente en su cama, sin causa clínica aparente y cual si ella misma hubiera apagado el interruptor de la vida, partió hacia su hogar celestial, donde estamos seguros de que el Señor, bajo cuyo abrigo vivió y al que tan fielmente sirvió, le ha *"mostrado su salvación"* y ceñido su corona [Nota del Traductor-Adaptador].

quien más piensa, quien siente más noblemente
y actúa mejor.

PHILIP JAMES BAILEY [1816-1902]
"Festus"[236]

Y le mostraré mi salvación.[237] ¡He aquí el clímax, la cumbre de la bendición que lo incluye y concluye todo!

---

[236] PHILIP JAMES BAILEY [1816-1902] poeta y escritor inglés, es considerado el padre de la escuela de poetas espasmódicos. Su extenso poema *"Festus"*, fue su mayor éxito y le catapultó a la fama en 1839. Es su versión personal de la leyenda del doctor Fausto, ya glosada anteriormente por Goethe, pero de manera novedosa y con fuertes influencias de "El Paraíso Perdido" de John Milton.

[237] Dice AGUSTÍN DE HIPONA [353-429]: «*"Y le mostraré mi salvación"* ¿Y cómo nos la mostrará? ¿Acaso puede haber algo mayor que lo visto en la Cruz del Calvario? Sí, vimos su salvación, pero no con el tipo de visión con que la hemos de ver. Los que le crucificaron le vieron con sus ojos materiales y no creyeron. Nosotros no lo vimos, pero creímos, porque le miramos con los ojos del corazón, con los ojos de la fe. Pero la fe solo ve a medias, no ve con total claridad. ¿Cuándo le veremos con claridad? Cuando, como dice el Apóstol, le veamos "cara a cara" (1ª Corintios 13:12). Esta visión "cara a cara" es la que el Señor promete en este salmo como recompensa a nuestros trabajos. ¿Y qué visión mayor cabe imaginar, cuando se nos dice que toda nuestra recompensa consistirá en ver? Veremos a Jesucristo nuestro Señor, aquel que fue enviado al mundo manso y humilde, excelso, en su gloria, y verlo nos regocijará con un gozo infinito, como se regocijan ahora los ángeles de contemplar en el trono de Dios al Verbo, que era en el principio y estaba con Dios y era Dios (Juan 1:1). Eso mismo que se promete al salmista lo promete también el propio Señor en las páginas del Evangelio: *"El que tiene mis mandamientos, y los guarda, ese es el que me ama; y el que me ama, será amado por mi Padre, y yo le amaré"* (Juan 14:21). Y anticipando que le preguntarían: "¿y qué nos darás si te amamos?", les dice: *"y me manifestaré a él"* ¿Y qué

Lo que hace Dios es perfecto. Hasta ahora su siervo había captado visiones fugaces de la *"gran salvación"*. El Espíritu se las ha ido mostrando paso tras paso, según él era capaz de sobrellevar. La Palabra le ha ido enseñando, y él se ha regocijado bajo su luz.[238] Pero todo lo ha *visto en parte* y *"conocido en parte"*.[239] Una vez Dios le ha satisfecho con largura de días, yllegado para él el tiempo de partir, entrará en la eternidad, donde Dios le *"mostrará su salvación"*. Finalmente todo quedará claro. Todo le será conocido. Dios se revelará a él no solo en su amor sino también en su gloria. Allí conoceremos todas las cosas, conoceremos como fuimos conocidos.

MARY B. M. DUNCAN [1825-1865]
"Under the shadow of the Almighty", 1867

---

quiere decir con *"me manifestaré a él"* sino lo mismo con lo que concluye este salmo: *"le mostraré mi salvación"*?».
[238] Salmo 119:105.
[239] 1ª Corintios 13:9-12.

COLECCIÓN LOS SALMOS

Salmo 1
La Integridad. Salmo Prefacio

Salmo 8
El Nombre. Salmo del astrónomo

Salmo 19
La Creación. Salmo de la creación

Salmo 23
El Pastor. Salmo del pastor

Salmo 27
La Confianza. Confianza triunfante y suplicante

Salmo 32
El Perdón. Salmo Paulino

Salmo 37
La Impaciencia. Antídoto contra la impaciencia

Salmo 51
El arrepentimiento. Salmo del penitente

Salmo 84
La Alabanza. La perla de los Salmos

Salmo 90
El Tiempo. De generación en generación

Salmo 91
La Protección. El abrigo del altísimo

Salmo 100 y 117
La Gratitud. Con una sola voz toda la
Tierra y el Salmo más corto

Salmo 121
El Guardián. El guardián de Israel